中国农村金融制度变迁分析

王　君◎著

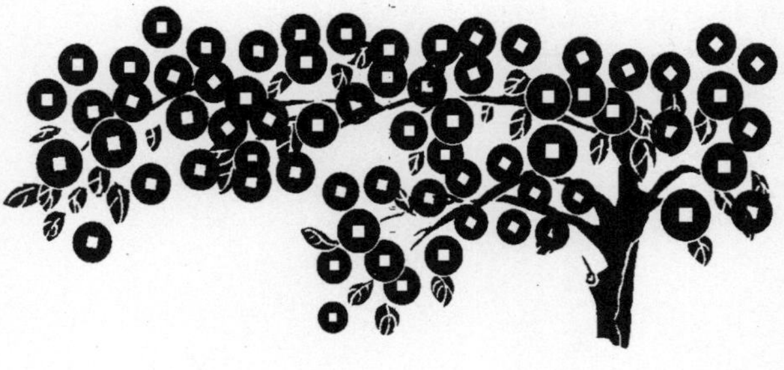

暨南大學出版社
JINAN UNIVERSITY PRESS

中国·广州

图书在版编目（CIP）数据

中国农村金融制度变迁分析/王君著．—广州：暨南大学出版社，2014.4
ISBN 978－7－5668－0995－7

Ⅰ.①中…　Ⅱ.①王…　Ⅲ.①农村金融—金融制度—研究—中国　Ⅳ.①F832.35

中国版本图书馆 CIP 数据核字(2014)第 071821 号

出版发行：暨南大学出版社

地　址：中国广州暨南大学
电　话：总编室（8620）85221601
　　　　营销部（8620）85225284　85228291　85228292（邮购）
传　真：（8620）85221583（办公室）　85223774（营销部）
邮　编：510630
网　址：http：//www.jnupress.com　http：//press.jnu.edu.cn

排　版：广州市天河星辰文化发展部照排中心
印　刷：湛江日报社印刷厂

开　本：890mm×1240mm　1/32
印　张：3.75
字　数：85 千
版　次：2014 年 4 月第 1 版
印　次：2014 年 4 月第 1 次

定　价：16.00 元

（暨大版图书如有印装质量问题，请与出版社总编室联系调换）

前　言

金融体系对经济发展具有重要的促进作用，无论是发达国家还是发展中国家，都十分重视运用农村政策性金融、合作金融、农村保险等手段来支持和保护农业与农村经济。金融体系和经济发展之间的良性循环关系对经济发展与金融发展都至关重要。实物资本短缺和贫困的恶性循环是低收入国家经济发展停滞不前的主要原因，因此农村金融的主要任务是解决农村经济恶性循环和支持农村经济发展的问题。

改革开放以来，农村金融改革不断深化，形成农村合作金融、商业性金融、政策性金融和民间金融并存、共同发挥作用的农村金融体系，成为农村经济持续增长的重要动力。但由于农村金融机构相互间的关系没有理顺，没有建立起合理的管理体制和良好的运行机制，农村金融体制仍不适应农村经济发展的需要。因此，改革和完善农村金融制度是我国金融改革和农村经济发展迫切需要解决的一个重要问题。

本书共分6章：

第1章阐述了写作的背景、研究目的、基本思路和研究方法等。

第2章在对相关的概念进行界定的基础上，对制度变迁理论以及农村金融制度国内外研究现状进行综述。

第3章对中国农村金融制度变迁的历程和特征进行了梳理和考察。

第4章分析了中国农村金融制度的主要缺陷。

第5章重点研究了发达国家农村金融发展与制度创新的经验和教训，为我国农村金融制度改革提供参考依据。

第6章提出了完善中国农村金融制度的政策建议，主要包括：推进农村金融组织产权制度创新、完善治理结构，健全和完善农村金融体系，加强农村金融监管制度建设，完善农村资金回流机制，建立健全农村保险服务保障体系，全面改善宏观政策环境等。

目 录

1 导　论

1.1 研究背景

中共中央在1982年至1986年连续五年发布以农业、农村和农民为主题的中央“一号文件”，对农村改革和农业发展作出具体部署。2004年至2013年又连续十年发布以“三农”（农业、农村、农民）为主题的中央“一号文件”，强调了“三农”问题在中国社会主义现代化进程中的“重中之重”的地位，这是关系到我国改革、发展和稳定的重大问题。金融是现代经济的核心，一个运行良好的金融体系能够起到降低信息交易成本、动员居民储蓄等多重功能，进而通过促进技术创新和生产率提高，最终推动经济增长。而中国解决“三农”问题的关键点和切入点正是集货币与信用于一身的金融问题（Duong & Izumida,

2002；白钦先等，2009），它包括金融制度、金融市场、金融机构等多方面的因素。

农村金融的主要任务是解决农村经济恶性循环的问题。在发展中国家和经济欠发达地区，存在着实物资本短缺和贫困的恶性循环，经济发展停滞不前的主要原因就在于经济发展与贫困的恶性循环。特别是在农村地区，农村资源生产率较低导致农民收入水平较低，进而导致农民和农村地区的储蓄能力低。事实上，生产率低主要是由于缺乏资本，而储蓄能力低又进一步加重了资本的匮乏。因此，在发展中国家经济，特别是农村经济发展中，资本因素的形成是打破经济发展恶性循环的关键。在农民储蓄不足和积累有限的情况下，贷款成为农村发展战略的重要组成部分。贷款通常被认为是促进资本形成的重要方式。贷款短缺，意味着资本短缺，也就意味着金融体制不够健全。

改革开放以来，中国农村经济有了长足的发展。然而，农村金融服务的供给远远不能满足农村经济发展所产生的金融需求，一方面，农户很难在正规金融机构得到贷款；另一方面，在某些地方非正规金融猖獗，比如高利贷，这扰乱了农村社会的稳定。农村金融发展的滞后已成为制约农村经济发展的瓶颈。2014 年 1 月 19 日，中共中央、国务院发布了《关于全面深化农村改革加快推进农业现代化的若干意见》（即中央“一号文件”），提出要加快农村金融制度创新。在加快农村金融制度创新方面，中央“一号文件”着重提出通过积极发展村镇银行、支持小额贷款公司、完善地方农村金融管理体制等方式发展新型农村合作金融。

20 世纪 90 年代以来，中国农村经济发展迅速，农业产业结构调整不断加快，对农村金融服务提出了更高的要求。但也应该看到，当前农村金融业的功能比较弱小，农村金融组织的资金供给能力较小、服务水平较低，农户望贷兴叹，多元化的金融需求也得不到满足。对此不难找到一些原因：中国农业银行调整发展战略，收缩农村信贷；农村信用合作社规模太小且大多处于亏损状态；中国农业发展银行仅在粮棉油收购资金信贷等狭小领域内发挥作用等。但是，这些可能只是从表面上解释了当前中国农村金融供需矛盾，我们还需要探寻更深层次的原因，并从中得出有益于中国农村金融改革的启示。

1.2 研究目的及意义

本书研究的理论价值在于为农村金融制度建设和发展提供一定的理论支撑。为提高农村金融发展绩效，本书在归纳总结既有农村金融发展与体制改革相关研究的基础上，从农村金融制度发展和制度改革两个方面出发，理清农村经济与农村金融发展之间的关系、商业性金融与政策性金融在农村经济发展过程中的耦合作用、农村多层次金融体系发展现状与市场准入规制等重要理论问题，进一步结合转型期我国农村经济和金融发展面临的全新环境，提出根据农村经济体制特征设计农村金融体系的措施建议，对优化未来我国农村金融制度创新的顶层结构设计，加快我国农村金融发展具有一定的理论意义。

本书的实践意义在于促进多元化的新型农村金融体系的协调发展。

农业的产业特性和农村发展状况决定了客观上需要金融组织体系和金融政策的支持，而农村金融组织体系就是为农业和农村经济发展服务的金融体系。对于农村金融制度和农村经济发展的关系，从总体上看，由于农村金融制度安排“嵌”在整体的制度结构之中，农村金融制度的效率必然受制于其他金融制度的安排，其他金融制度的变迁，会打破农村金融制度的均衡状态，因此，它也必须进行相应的变迁，否则将导致农村经济与农村金融的不均衡，从而阻碍农村经济发展。通过考察我国农村金融制度变迁的轨迹，笔者发现30多年来农村金融制度的变革始终是围绕机构设置、中央与地方的集权与分权为主线的改革，并没有发生实质性的变化。农村金融的制度缺陷已成为制约当前我国农村金融发展的重要因素之一，而农村金融发展的滞后，又制约着农村经济的发展，形成恶性循环。因此，深化农村金融制度的创新和改革，满足农村经济发展不断增长的金融需求，具有十分重要的现实意义。

我国现行的农村金融组织体系是根据1996年国务院颁布的《关于农村金融体制改革的决定》而建立的，即以合作金融为基础、商业性金融与政策性金融分工协作的农村金融组织体系。随着农村经济的发展和结构调整，农业、农村和农民对金融服务的需求不断增加，然而现有的农村金融供给状况不能满足农村经济发展的需要。中国农业银行等国有商业银行为追求商业利润的最大化，大量撤并县及县以下分支机构，对农村领域的贷款份额逐年下降，同时把大量农村资金转移到城市；政策性金融机构农业发展银行本应为农副产品收购、农业基本建设和农业综合开发提供贷款以推动农业和农村经济的发展，但目前仅承担了农产品收购贷款的责任，使得支持农村经济发展的政策性功能出现缺陷；作为合作金融机构的两大合作金融组织——农村信用社和农村合作基金会的发展就更不容乐观了，合作基金会被关闭，农村信用社的合作化改革陷入僵局。可见，现行农村金融组织体系未能很好地服务于农业和农村经济的发展，因此需要构建新型的农村金融体制并对农村金融制度进行创新，使之有效率地服务于农业和农村经济的发展。

研究中国农村金融制度变迁的路径以及左右这种路径的各种变量及其相互关系，对于正确认识和把握中国农村金融改革及未来变迁趋势是非常必要的，对促进农村经济发展能起到重要作用，具有很强的现实意义。

1.3 研究思路与结构安排

本书以分析农村金融制度变迁历程为起点，以相关理论为铺垫，总结归纳发达国家金融体制改革的经验，继而提出一些关于中国农村金融制度创新的建议，为我国农村金融发展提供新的思路和方法。

本书首先通过对理论的回顾和文献的梳理，提出完善农村金融体系是发展“三农”的关键的假设；然后对我国 1979 年金融改革以来农村金融制度的变迁进行了简要回顾，进而对我国现行农村金融制度存在的缺陷进行深入剖析，力图从中找出我国农村金融制度改革的历史轨迹与成因；继而，重点研究发达国家农村金融发展与制度创新的经验和教训，为我国农村金融制度改革提供参考依据；最后，综合上述研究成果，提出相应的政策建议。

本书的结构安排如下：

第1章：介绍了本书的研究问题与思路、研究方法与数据来源，并对全书的研究内容与结构安排进行了概述。

第2章：在对相关的概念进行界定的基础上，对制度变迁理论以及农村金融制度国内外研究现状进行综述。

第3章：对中国农村金融制度变迁的历程和特征进行了梳理和考察。本章主要按照历史脉络，重点研究中国农村金融体系是如何形成和发展，以及我国农村金融产品创新与服务改革的创新。

第4章：分析了中国农村金融制度的主要缺陷。重点研究了政府主导型农村金融制度改革的变迁，中国农村金融发展的制度缺陷，以及农村金融发展中存在的主要问题。本章认为，与其他国家农村金融发展路径的显著区别是，中国农村金融发展的制度变迁进程中政府始终扮演着主导角色，政府在金融产业运行中的地位是特殊而重要的。

第5章：农村金融发展与制度创新的国际比较。重点研究了发达国家农村金融发展与制度创新的经验和教训，为我国农村金融制度改革提供参考依据。总体来看，国外的农村金融可以分为商业性金融和政策性金融两大部分，并且不同国家商业性金融和政策性金融在整体农村金融中的地位作用有所不同。国外农村金融发展的实践，对于完善我国农村金融发展具有积极的借鉴意义。

第6章：提出完善中国农村金融制度的政策建议。主要包括：推进农村金融组织产权制度创新、完善治理结构，健全和完善农村金融体系，加强农村金融监管制度建设，完善农村资金回流机制，建立健全农村保险服务保障体系，全面改善宏观政策环境等。

本书将在理论与经验研究结合的基础上，运用制度变迁和制度创新理论，探索中国农村金融制度的变迁及其对农村经济发展的作用。在研究和分析过程中，笔者将理论研究与实证分析相结合、静态分析与动态分析相结合，把规范研究与实证研究结合起来，辅之以比较分析方法。

2 理论基础及文献综述

2.1 概念界定

制度是什么？凡勃伦把制度定义为一种流行的精神态度或一种流行的生活理论（凡勃伦，1899）。康芒斯把制度定义为“集体行动控制个人的一系列行为准则或规则”（康芒斯，1934）。应该说，康芒斯对制度的这个定义，抓住了制度最核心的本质，即制度是一种行为规则。新制度经济学家如诺斯、拉坦、舒尔茨等都接受这一点。舒尔茨将制度定义为一种行为规则，这些规则涉及社会、政治及经济行为（舒尔茨，1994）。

在诺斯看来，制度是一种规范人的行为的规则，他更进一步地将“规范人的行为的规则”细分为正式规则（或称正式制度，包含宪法、法律、产权等因素）和非正式规则

（或称非正式制度，包含道德观念、伦理规范、风俗习性、意识形态等因素）。诺斯还区分了制度与制度安排、制度环境以及制度与组织的关系。制度安排，是支配经济单位之间可能合作与竞争的方式的一种安排，制度安排可能最接近于“制度”一词的最通常使用的含义了。或者说，制度安排是制度的具体化。制度安排也可分为正式的（家庭、合作社、政府、货币等）和非正式的（价值观、意识形态、习惯等）。一项制度安排一般在制度环境的框架中存在和变动。制度环境，是一系列用来建立生产、交换与分配基础的基本的政治、社会和法律基础规则。也可以说，制度环境是一个社会的基本制度规定，它本身也是一种制度安排，而且决定、影响着其他制度安排的存在和变动（诺斯，1994）。

综览学术界对制度的各种定义，尽管各有侧重，但可以看出制度本身应当至少包括三个方面的内容：①它是调节社会经济利益分配的社会性行为规则的综合；②它的核心功能是给利益主体提供一种激励或约束机制；③它是一种特殊的公共物品并用以协调利益冲突。本书所说的制度专指具体的制度安排。

制度变迁。制度变迁就是从原制度向新制度的动态演替过程。制度变迁理论是由美国著名经济学家 Douglass C. North 提出的，North 所定义的制度变迁具体叙述如下：“制度可以视为一种公共产品，它是由个人或组织生产出来的，这就是制度的供给。由于人们的有限理性和资源的稀缺性，制度的供给是有限的、稀缺的。随着外界环境的变化或自身理性程度的提高，人们会不断提出对新的制度的需求，以实现预期增加的收益。当制度的供给和需求基本均衡时，制度是稳定的；当现存制度不能使人们的需求得到满足时，就会发生制度的变迁。制度变迁的成本与收益之比对于促进或推迟制度变迁起着关键作用，只有在预期收益大于预期成本的情况下，行为主体才会去推动直至最终实现制度的变迁，反之亦反。”也就是说，由于制度变迁中存在收益递增的现象，使得制度在既定的方向沿某一路径自我强化，这时出现路径依赖特征。沿着既定路径，制度变迁既可能进入良性循环，也可能进入恶性循环，甚至被“锁定”在某种低效率状态下停滞不前。当由于非正式制度的黏性特征使得制度供给小于制度需求时，就导致制度变迁的缺乏。这就很好地揭示了为什么有的国家经济持续增长，而有的国家经济长期落后甚至停滞不前的原因。

阿夫纳·格雷夫堪称新制度经济学的集大成者，他综合运用经济学、历史学和社会学等各学科的方法，通过案例研究和历史分析，对中世纪后期东西方的大分叉给出了制度上的解释。有别于有目的地创建的视角和演化的视角，格雷夫勾画出了研究制度变迁的新视角，即作为历史过程的内生的制度动态变迁理论，利用这一分析视角，格雷夫系统回答了制度是什么以及如何建立制度变迁的内生与外在激励因素，过去的制度为什么以及怎样影响现在的制度，无效率的制度为什么能够持久存在，以及不同制度路径的起源等问题。

中国经济学家林毅夫（1994）认为，制度变迁一种是由政府法令引起的变迁，即强制性制度变迁；另一种是由一群（个）人在响应因制度不均衡引致的获利机会时所进行的自发性变迁，即诱致性制度变迁。

金融，简单地说就是货币资金的融通。从广义上讲，金融是各种信用活动和货币流通的总和。金融制度是指规范金融交易的规则和组织安排，它界定人们在金融交易过程中的选择空间，约束和激励人们的金融行为，降低金融交易费用和竞争中的不确定性所导致的金融风险，进而保护债权债务关系，促进金融交易的顺利进行。具体而言，金融制度是金融交易赖以进行的社会形式，它表现为人们在金融交易过程中所应遵循的一系列规则。金融制度本身并不独立存在，而必须有实际的载体，如金融机构、金融资产、中央银行、金融法规条文等；同样，金融机构必须由金融制度来维系和支撑，或者说，金融机构的组织安排本身就是金融制度的重要内容之一。金融制度通过某些规则和组织安排为金融交易过程提供激励和约束机制，界定金融交易的选择空间，降低金融交易费用，并为人们之间的金融交易关系提供必不可少的保障机制，使个人对他人的金融行为进行预期成为可能。此外，金融制度与金融体制密切相关。金融体制主要是指一个国家通过法律、法规、条令等形式所确立的金融体系结构，以及组成这一体制的各要素之间的职责分工和权力划分。从内容上看，金融制度包括产权制度、组织制度、监督管理制度、信贷制度、利率制度等；从行业来看，有国有商业性银行（中国农业银行）、政策性银行（中国农业发展银行）、农村信用社、证券公司、保险、信托、租赁等多种行业的金融制度。显然，金融制度比金融体制更具有基本的意义，它从根本上决定着金融体制和运行机制的性质特征和效率状况。

关于农村金融制度，学界比较一致的观点认为它是指关于农村金融交易的规则、程序、组织体系等方面的制度安排。我国农村金融体系按照是否属于正式的金融体制分为正规金融和非正规金融。所谓正规金融，就是在我国经过中国人民银行等金融监管机构批准设立的、属于正式金融体制范围内的金融机构，是合法的金融机构，如农业银行、农业发展银行、农村信用合作社；而非正规金融则是在正式金融体制之外，没有经过中国人民银行等金融监管机构批准的组织，如职业放贷者、钱庄、互助会、和会等。

按照功能不同，我国农村金融体系又可划分为三部分，即商业性农村金融、政策性农村金融、合作性农村金融。具体的机构由以工商企业为主要服务对象的中国农业银行，主要为农户服务的中国农村信用合作社，支持整个农业开发和农业技术进步、保证国家农副产品收购以及体现并实施其他国家政策的中国农业发展银行组成。

除具有一般金融对经济发展的促进作用外，农村金融有其自身发展特点。农村金融可以通过减少农户的借贷成本而改善其生产和生活条件，通过为农户使用现代化技术提供资金以刺激农业生产的发展。发展中国家的农村金融，由于主要面对的是小农经济和乡村中小企业，因此贷款额度小，无抵押担保或抵押较少，要求简便、灵活、及时的服务。由于农业的产业特性所导致的收入的不确定性、投资的长期性、低收益性和生产的分散性等原因，使得农村金融的交易成本和资金使用成本比较高，正规商业性金融机构一般不愿意涉足农村金融市场，因此农村金融市场往往被高利贷放款者所占据，农民的金融需求往往因得不到贷款或贷款利息过高而受到严重抑制。

农村金融发展存在两个问题。一是政府干预过多。政府通过对经济实施干预，非常容易且较有效率地使农民融入整个国家经济建设中，农村金融因此具有明显的政府干预特征。政府干预在农村金融发展的早期起着十分明显的促进作用，对于重建并迅速发展农村金融组织十分有帮助。但随着经济的发展，政府干预越来越阻碍农村金融市场的发展。由于宏观经济环境不稳定、部门性政策倾斜、政府干预过多以及普遍存在的法律和规章性障碍等因素，农村金融市场难以有效地运转。二是农民贷款难和农村中小企业融资难。尽管金融在农村发展中可以起到十分显著的作用，但在发展中国家，农民贷款难和农村中小企业融资难始终是一个难题。现代化的、有组织的银行业往往很难成功地为欠发达国家的农村地区，特别是为小额借款人提供服务。

2.2 制度变迁理论

新制度经济学认为，制度变迁与创新的动力在于经济主体期望获得外部利润。外部利润，也称为潜在利润，这种利润在现有的制度安排状态中主体无法取得。要获取外部利润，经济主体的唯一选择就是进行制度创新，通过制度的创新安排使潜在于现存制度安排结构外部的利润显露，并内部化于新的制度安排结构中。这样，经济主体就可以获取这种利润，从而使自身利益最大化。因此，外部利润内部化的过程实质上是一个制度变迁和制度创新的过程。

外部利润的来源，主要有以下四个方面：

（1）规模经济。

经济主体要想获得规模经济，除了受技术约束外，也受现存制度结构的约束。众所周知，就筹集资本金而言，股份制比独有制和合伙制要容易得多，而合伙制又比独有制要容易些。如在我国的市场化进程中，很多民营企业最初以个体、家庭或合伙制的形式出现，而后进一步组建起股份制公司。股份制公司的创建就是解除企业资本限制、形成规模经济的重大制度创新，有利于创新者利用生产、管理技术获取外部利润。

（2）外部性内部化。

外部性主要源于产权界定不清。在这种情况下，经济主体在追求自身利益最大化过程中，往往会出现“外部侵害”或者“搭便车”行为。经济主体之间通过谈判不能找到解决问题的制度安排，结果双方都得不到潜在利润而进入“囚徒困境”。因此，需要由权威性机构（政府或法院）出面，建立一系列既具有约束力，又在一定程度上具有灵活性的产权制度，促成双赢结局，从而也增加社会总收益。

（3）克服对风险的厌恶。

现实经济活动中，风险和不确定性普遍存在，使经济主体对利润的预期变得困难。因此，要获取外部利润，必须创新一些制度安排来克服对风险的厌恶。主要有两条途径：第一，人们对风险的厌恶程度不同，因此就可以创新一些制度安排，将风险集中于那些对风险偏好的主体，并许之以相应的利润回报；风险厌恶的主体将风险成功地转移出去了，它们也能获得相应的利润，社会总利润就可能增加。如期货市场、保险公司等制度安排都是经济主体为克服对风险的厌恶而建立的。第二，由于单个经济主体抵抗风险的能力较弱，为克服高风险，人们可以创新一些制度安排（如合作社、银行团等）联合起来对抗风险。

（4）转移与降低交易费用。

在现实世界中，如斯蒂格勒所言，交易费用似自然界中的摩擦力一样广泛存在，不仅如此，有些交易的费用高得使市场交易无法进行。在这种情况下，经济主体可能具有强大的动力来进行制度创新以降低或转移交易费用，使市场更容易运作，并由此增加社会净收益。如物物直接交易必须在时间和空间的双重巧合下才可能实现，在交易费用相当高昂时，货币制度的创新安排可以极大地降低交易费用。

2.3　农村金融制度研究综述

2.3.1　国外研究综述

目前，国外有关农村金融制度的研究取得了大量成果，概括起来主要有以下四个方面：

（1）农村金融制度与农村经济增长关系的研究。

在农村金融制度与农村经济增长关系方面的研究，具有代表性的理论观点是美国耶鲁大学经济学家休·T. 帕特里克（Hugh T. Patrick）提出的两种模式：一是“需求追随”模式，强调农村经济主体的金融服务需求导致农村金融供给；二是“供给领先”模式，强调农村金融制度的供给先于农村经济发展的需求。他还认为，这两种模式与农村经济发展的不同阶段相适应，两种模式之间存在一个最优顺序的问题。该理论对于研究我国农村金融制度的供给具有理论指导意义。

（2）农村合作金融制度的研究。

合作金融制度最早诞生于欧洲，后来被其他国家移植，并与本国社会经济制度逐步融合，形成了各自独特的组织体系。概括起来，主要有四种体系：一是以美国、加拿大、丹麦为代表的多元复合式的合作金融体系；二是以德国、奥地利、荷兰、瑞士为代表的由多级法人组成金字塔式的信用合作体系；三是以法国为代表的由总行、分行和基层行组成的“上官下民”式信贷互助银行体系；四是以日本为代表的非独立型附属式行业合作金融组织。与西方合作金融组织的实践和发展趋势相适应，西方对合作金融的理论研究也有一定的成果，形成了比较完善的理论体系。欧洲对合作金融的研究，早在 19 世纪末就出现了该方面的专著，如 1891 年英国学者波特（Beatrice Potter）出版的 *The Cooperative Movement in Great Britain*。第二次世界大战以后，对于合作金融的研究更加深入。从战后至 20 世纪 60 年代，西方国家流行的合作金融理论有：以个体性为基础的市场型合作金融理论、以社会性为基础的传统型合作金融理论和以集体性为基础的整合性合作金融理论。20 世纪 70 年代以来，随着合作金融组织的飞速发展，合作性金融组织的商业性功能逐渐增强，传统型理论的市场空间越来越窄。因此，很多学者把合作金融理论归纳成市场型合作金融理论和整合型合作金融理论。市场型合作金融理论把合作金融理论看作是新古典经济学假设条件下的一个企业组织，社员不依赖合作社，合作社由专家经营管理。整合型合作金融理论把合作金融组织看作是经营性企业与公共组织的结合体，社员完全依赖于合作组织，合作社由专家经营管理。20 世纪 90 年代以来，随着合作金融体系的社会性质逐步淡化，整合型合作金融理论对于合作金融业的发展的说服力明显不足，而市场型合作金融理论具有当代经济特征，成为目前合作金融理论发展的趋势。

（3）农村金融市场竞争与效率的研究。

肖和麦金龙认为，在许多发展中国家因为存在着“金融抑制”，农村金融体系的重要特征是“金融二元性”，国有金融组织垄断经营，利率扭曲，资金总量矛盾突出，金融工具不足，信用形式单一，补贴性信贷利率和信贷配给使农村金融市场资源配置效率低下。[①] 麦金龙和 Pischke、Adams、Donald 在考察了农民与正式金融组织之间的交易行为之后得出的结果，论证了这些经典论断。[②] 农业是弱质产业，收益率低且风险大，因此，在金融市场中政府适当保护农业和农民是必要的。但美国政府 1996 年的农业信息报告说明了政府在力图提高农村金融市场效率的同时也损坏了市场效率的事实，并且提出了可通过降低市场准入的限制和减少市场分割来改善这一状况。[③] 美国学者艾林爵（Paul N. Ellinger）和奈弗（David L. Neff）运用随机成本边界法和非参数成本边界法来评估农村金融机构的效率，并用对数成本函数来估计农村金融机构成本关系中随机成本的边界。

---

① ［美］肖·E. S. 经济发展中的金融深化．邵伏军等译．上海：上海三联书店，1998.

② Pischke, Adams, Donald. *Rural Financial Markets in Developing Countries*. Baltimore: The Johns Hopkins University Press, 1987.

③ United States Department of Agriculture. “Can Federal Action Improve Efficiency in the Market for Farm Loans?”. Agricultural Information Bulletin, 1996.

（4）农村金融组织资本结构创新的研究。

不少学者认为，农村信用合作社应该在组织机构和资本结构层面突破合作制原则，以商业银行的形式在金融市场上运作。其资本结构创新的方式包括发行 B 股、债券和组合证券，融资一般可遵循信用合作社社员、机构市场、股票市场的顺序进行。加拿大蒙特利尔高等商学院信用合作社研究中心主任 Benoit Tremblay 和该研究中心研究员 Daniel Cóté 以个案分析的方法研究了信用合作社在资本创新进程中的战略抉择。个案考察了欧洲四家信用合作社 CA（Credit Agriculture）、Rabobank、CERA 和 CWS 的资本结构创新，其中 CA 通过股票市场融入资本，CERA 则通过发行 B 股筹集资本，而 Rabobank 近年来通过发行永久性优先股和 Rabobank 社员证进行筹资，CWS 采取了向主要机构放款人发行债券融资的方式。西方国家信用合作社资本结构战略方式的多样化，在很大程度上促进了信用社的发展。

综上所述，国外关于农村金融制度理论的研究比较深入、系统。但由于各国国情及研究的背景、侧重点不同，这些理论我们只能借鉴，用来探寻切合我国农村社会实际的农村金融理论和农村金融体制改革的措施和方法，以利于我国农村金融体系的健康发展。

2.3.2 国内研究综述

从国内情况来看，有关农村金融制度问题的研究主要集中在农村金融制度变迁方式的分析、农村金融制度供给的分析、农村金融制度缺陷问题的探讨、农村金融制度变迁中遇到的障碍的分析和对农村金融制度变迁与创新思路的分析等。

(1) 农村金融制度变迁方式的分析。

金融制度变迁的方式有两种，即诱致性变迁和强制性变迁。林毅夫教授[①]提出了强制性制度变迁理论，区分了诱致性制度变迁和强制性制度变迁理论两种制度变迁类型，并很好地概括了国家在制度变迁中的作用。诱致性变迁是指一群（个）人在响应因制度不均引致的获利机会时所进行的自发性变迁；强制性制度变迁是指由政府法令引起的变迁。诱致性制度变迁必须要有某些制度不均衡的获利机会，从初始均衡到不均衡再到均衡。诱致性制度变迁具有营利性、自发性和渐进性的特点。与诱致性制度变迁不一样，强制性制度变迁因为国家是制度这一公共产品的生产者，加之诱致性制度变迁会由于外部性等原因而造成制度供给的不足，所以强制性制度变迁的主体是国家。在现实社会生活中，诱致性制度变迁和强制性制度变迁是相互补充的，这种相互补充有两方面的含义：一是当诱致性制度变迁满足不了社会对制度的需求的时候，由国家实施的强制性制度变迁可以弥补制度供给的不足；二是由于制度的层次性差异，有些制度供给只能由国家或团体提供。黄燕君(2000)[②] 提出将实行多年的自上而下的政府强制性变迁模式改变为自下而上的需求诱致性变迁模式，并通过建立竞争与激励机制来增加农村金融制度创新供给，以适应农村经济发展的

① 林毅夫．关于制度变迁的经济学理论：诱致性制度变迁和强制性制度变迁．见：[美] 科斯，诺斯，阿尔钦．财产权利与制度变迁．刘守英等译．上海：上海三联书店，上海人民出版社，1994.

② 黄燕君．农村金融制度变迁与创新研究．浙江社会科学，2000（6）：39～42.

内在要求。中国人民银行赴法代表团（2002）[①] 的考察报告认为，健康的治理结构是提高内部管理和效率的有效途径，提出了合作金融发展的三阶段论——“混合治理结构”：在机构功能上集政策性金融机构、商业银行和合作制于一身；在业务分布上，既从事零售银行业务，也从事资产管理和私人银行业务，还涉足批发业务，甚至经营房地产、咨询和信息产业。向林峰、文春晖（2013）认为，在高度集中的计划经济体制背景下，我国农村金融制度变迁以政府主导、改革强制为主要特征，但是制度成功的演进是“路径依赖”的结果还是“适应性选择”的必然成为当前争论的热点。

（2）农村金融制度供给的分析。

宋超英、张翰赟、丁瑞（2009）[②] 提出，中国农村金融体系呈现出供给抑制的特征，表现为供给结构性失衡和总量不足，对农村经济的促进作用不明显。笔者认为应从制度视角出发，分析我国农村金融供给抑制问题形成的原因，探讨解决这一问题的相关措施。邹新阳、王贵彬（2008）[③] 在阐述我国农村民间金融状况的基础上，从制度供给的主体、制度供给的内容和制度变迁的路径这三个方面探讨了农村民间金融规范化发展的制度供给问题。他们指出我国农村民间金融现已成为农村金融体系不可或缺的组成部分，是农村经济在正规金融供给严

① 中国人民银行代表团．论合作金融的混合治理结构——从法国农业信贷银行的制度变迁看中国农村信用社体制改革．金融研究，2002（7）：1～9.

② 宋超英，张翰赟，丁瑞．基于制度视角下的中国农村金融供给抑制研究．价格月刊，2009（1）：29～31.

③ 邹新阳，王贵彬．农村民间金融规范化发展的制度供给研究．安徽农业科学，2008，36（6）：2536～2538.

重不足的情况下，仍然保持稳定增长的一个重要的支撑力量。曹晨光（2007）[①] 认为，现有农村金融体制最根本的问题是金融供给不足，它制约着农村经济的可持续发展。他以河南为例，运用制度经济学基本原理对农村金融供给不足表象及内在原因进行了深入的探讨，并提出了针对性的政策建议。

（3）农村金融制度缺陷问题的探讨。

我国农村金融存在制度性缺陷，包括产权制度缺陷、组织制度缺陷、业务经营制度缺陷和内部控制制度缺陷等。谢家智、冉光和（2000）[②] 认为，我国现有农村金融体系的制度性缺陷已成为制约解决“三农”问题的瓶颈，阻碍了金融与经济的良性循环，已不适应农业和农村经济发展的需要。董应良（2005）[③] 认为我国农村金融组织结构存在制度缺陷，提出农村金融垄断带来的直接后果就是金融绩效不高，这不仅表现在资金运用的经济效益上，而且表现在支持“三农”的社会效益上。农村金融机构脱离农村的倾向日益明显，农村资金通过农村金融机构流向城镇，进而抑制了农村经济的发展。袁洪斌、熊德平、冉光和、谢丹（2006）[④] 通过对我国农村经济制度与农村金融制度变迁过程的考察，运用制度经济学理论对农

---

① 曹晨光．农村金融供给：一个基于制度经济学的分析视角．金融理论与实践，2007（8）：67～69.

② 谢家智，冉光和．中国农村金融制度变迁的路径依赖．农业经济问题，2000（5）：25～29.

③ 董应良．从农村金融体系变迁看农村金融制度创新．经济管理问题探索，2005（9）：140～143.

④ 袁洪斌，熊德平，冉光和，谢丹．农村经济与农村金融制度变迁比较及关系．农业经济问题，2006（2）：55～58.

村经济制度与农村金融制度变迁的路径与主要内容、影响因素及基本特征进行相关比较研究，最后对二者的相互关系进行了理论上的探讨和总结，认为二者的路径是相悖的。史林东（2010）认为，长期以来，中国设计的农村金融制度没能解决农村金融市场参与主体之间存在着较高的信息传递成本问题，致使金融机构缺乏为农村提供金融服务的动力。李彬（2014）发现，从目前来看，互助性的合作金融组织一直是金融服务“三农”的最主要力量。但是，农村信用社一个普遍存在的问题是：其组织机构形式出现了“上收”和“做大”的趋向，“离农脱农”现象明显；其经营重点和资金流向逐渐从农业转向非农业，其发展格局呈现出“两极分化”倾向。

（4）农村金融制度变迁中遇到的障碍的分析。

吴少新、王国红（2006）① 指出，中国农村信用社的制度变迁完全是由政府主导的强制性制度变迁，它与农村金融需求主体、农村合作金融的需求相悖，导致严重的路径依赖，而且还伴随着中央政府和地方政府的利益冲突与矛盾，必须用内生诱致性市场交易替代它；转轨经济条件下，内生于市场的农村信用社的诞生与发展需要政府的扶持，但要注意政府行为的严格界定和适时退出。李亚青（2005）② 认为，新一轮改革试点之后，农村信用社依然存在“体制定性不明、产权模糊不清、内部人控制失控”等问题，最根本的原因在于制度移植后的

① 吴少新，王国红．中国农村信用社制度的变迁与创新．财贸经济，2006（7）：45～48.

② 李亚青．从新制度经济学视角看我国农村信用社的制度困境．新疆财经，2005（6）：44～47.

“水土不服”和制度变迁过程中出现的强烈的“路径依赖”。当务之急是加快政策支持体系的建设，创造适合信用社制度发展的土壤，并在此基础上通过多方面创新来突破“路径依赖”的强大惯性。臧凯波（2013）研究发现现阶段农村金融无法满足农业经济发展的需要，自然灾害频发、忽视市场化运作、传统思想观念没有得到突破、农村信贷资金大量外流和过分强调发展小额信贷等是我国农村金融制度没有得到根本性创新的原因。

(5）对农村金融制度变迁与创新思路的分析。

对于我国农村金融制度的创新问题，国内理论界大致形成三大思路。李彦（2009）认为，对于我国农村金融制度创新的思路，目前主要有两种观点：一种观点是坚持政府主导，充分运用现有农村金融的组织体系、存量规模，对之进行必要的整合与功能创新，使之适应不断发展变化的农村经济结构，充分发挥其在金融体系与农村经济体系当中的双重主力作用；另一种观点是要注重发挥非正规金融在农村金融制度创新过程中的作用，由于非正规金融对农业、农村、农民具有天然的亲和力，其制度安排及形式更为农户所乐意接受，这种金融活动更容易“嵌入”农村经济的各个层面与过程当中，从而形成推动农村经济发展的内生性因素，随着时间的推移，最后由农村金融活动的主体——农民来决定最终选择什么样的金融上层建筑。臧凯波（2013）认为，要解除“金融抑制”，就必须进行“金融深化”，政府要让权于市场，并发挥好服务功能，同时还提出要大力发展农业保险、积极引导农村信贷资金回流、适当提高信贷额度等突破策略。

但更多的学者认为农村金融制度创新要将政府的主导作用和市场化导向紧密结合起来，也就是我们所说的第三种观点。官兵（2005）① 提出，农村金融制度的决定和变迁是国家及其代理人、农户和其他城市利益集团之间利益互动的产物。其中国家的角色非常重要，但农户阶层对金融资源支配权的完整与否决定了农村金融制度未来变迁的效率，即建立基于农户的市场化的农村金融制度是农村金融的改革方向。贺学会、王一鸣（2007）② 认为，20 世纪 80 年代以来各国的农村金融实践表明，以市场为导向的新思路在农村金融中具有压倒性的优势。如果市场被证明是无效的，那就要求创造一个更为合理的政策环境，提供有利于市场发展的法律、法规体系，或者以低成本、高效益的方式来解决市场失效的问题。另外，由于农村金融需求方在提供抵押物、资金需求规模方面存在着明显的缺陷，贺学会、王一鸣（2007）提出根据我国农村实际情况，将仓单系统引入农村金融体系，有望解决上述相关问题。李万超、苏彩玲（2014）对改革开放以来我国农村金融制度改革历程和成效作了分析。盖丽丽（2013）针对我国农村金融监管实施效果进行实证研究，结果表明，利率管制对农村经济发展和农民收入的提高产生正向促进作用。

2.3.3　现有研究简要述评

以上学者的研究成果丰富了农村金融改革的理论，推动了

① 官兵．中国农村金融改革的制度解释．农业经济问题，2005（10）：38～42.

② 贺学会，王一鸣．发展仓单系统：农村金融制度创新的新思路．财经理论与实践（双月刊），2007（2）：2～7.

农村金融改革的实践。目前学界基本上达成了三点共识：首先，确定了我国农村金融制度不适应农村经济发展的需要。其次，农村金融制度变迁表现出强制性制度变迁方式中的政府过度干预及其所存在的路径依赖特征。再次，制度创新是中国农村金融改革的方向，但也存在着很多分歧。比如对于农村信用社变迁绩效问题的探讨，主流的观点认为，通过改革，农村信用社产权关系基本明晰，约束机制有所强化，不良贷款和历年亏损持续下降，潜在风险明显降低，整体抗风险能力不断提高。另一种观点则认为，虽然农村信用社的经营状况和盈利状况不断改善，但改革并未带来盈利能力的提高，农村信用社的盈利主要来自优惠政策等。

本研究将制度因素作为解释农村金融发展的内生与决定性变量，从农村金融制度现状入手，对处于经济转型期的我国农村金融制度问题进行剖析，无论是理论分析还是实证研究方面都是对农村金融制度问题的丰富和发展。

3 中国农村金融制度变迁的历程及特征分析

3.1 中国农村金融制度变迁的历程

自1979年开始市场化改革以来，为了配合整个经济体制改革的推进，推动农村经济、金融市场化的发展，农村金融体制也进行了一系列的改革，主要经历了以下两个阶段：

1. 农村金融体制的重构（1979—1992年）

1978年党的十一届三中全会实现了新中国历史上具有深远意义的伟大转折，农村经济体制发生了巨大的变革：确立了以家庭承包经营为基础的经营体制；农村经济主体由过去单一的生产队变为承包户、专业户和各种经济联合体；农村产业结构也由过去单一的农业经济变为以农业为基础、农林牧渔全面发展、农工商综合经营的格局；乡镇企业迅速发展，成为农村经济发展的重要支柱；农村经济商品化和货币化程度大大提高。这一时期，国家恢复建立了中国农业银行，重构了农村金融管理体制，形成了以农业银行为主体、农村信用社为其基层机构的农村金融体系，农业银行、农村信用社和农村金融有了较快的发展，为农村经济乃至整个国民经济的发展奠定了良好基础。这一时期农村金融运行的突出特点是单一的组织结构承担与从事多种功能的金融业务。农村金融体系的改革基本上是围绕“行社关系”的调整进行的，具体可分为以下两个阶段：

（1）1979—1982 年，恢复中国农业银行，初步改革信用社。中国人民银行于 1979 年 1 月向国务院报送《关于恢复中国农业银行，统一管理国家支农资金的报告》。1979 年 2 月，国务院《关于恢复中国农业银行的通知》对中国农业银行的性质、任务、业务范围、资金来源、机构设置、企业化经营和领导关系等问题作了明确规定：

①中国农业银行作为国务院的一个直属机构，由中国人民银行代管。中国农业银行的主要任务是统一管理支农资金，集中办理农村信贷，领导农村信用合作社，发展农村金融事业。

②业务范围：一是财政部门的农业拨款、商业部门的预购定金和金融部门发放的各项贷款，以及主管业务部门自筹的支农资金等，由农业银行和信用社逐笔审查，核实拨付，计划发放，监督使用；二是农村人民公社、生产大队、生产队、社队企业、国营农业企事业单位、农工商联合企业以及供销社等单位的存款和贷款，由农业银行和信用社办理；三是农村人民公

社基本核算单位、社队企业和社员个人的存款、贷款，由信用社统一办理；国家设在农村的机关、团体、学校、企事业单位的存款、贷款，以及城乡结算、现金管理等扩由农业银行办理等。

③中国农业银行的资金来源主要有：国家财政拨给的农贷基金；人民银行拨给的自有资金；农业银行的各项存款；农业银行的盈余积累；经国家批准用于发展农业的外汇贷款。

④中国农业银行自上而下建立各级机构。中央一级设总行，下设若干司局。省、市、自治区设分行，作为厅局一级机构，下设若干处室，地区设中心支行，县设支行，农村营业所、信用社一律划归农业银行领导。没有建立银行营业所的公社，由信用社执行银行营业所的任务。

⑤农村信用合作社是集体所有制的金融组织，又是农业银行的基层机构。信用社职工的管理、福利待遇同银行职工一致起来。信用社要贯彻勤俭办社、民主办社的方针，不断提高经营管理水平。任何单位不得平调或挪用信用社的资金。

1979 年 3 月 13 日，中国农业银行总行正式恢复建立。这次恢复的农业银行，信贷业务大大扩展，不仅办理农业信贷，而且扩大到与农业、农村经济发展有关的工业和商业领域，农村金融的中心任务已经明确为支持农村商品经济的发展。

这一时期，信用社实行了初步改革，主要内容是：扩大业务经营自主权，放宽信贷政策和信贷范围，把业务经营搞活，以及增设机构网点，办好信用站，试办营业所和信用社联营，试办信用社县联社等。

（2）1983—1992 年，农村金融体制进一步调整。这一时期，农村金融体制基本保持中国农业银行与农村信用社的基本格局，但在农业银行和农村信用社有一些新的改革措施，二者的关系有了一些调整。

中国农业银行实行企业化改革。改革的目标是把农业银行办成具有自我发展、自我改造机制的银行，改革的主要内容是完善内部经营机制，增强金融企业的活力。农业银行在机构、人事劳动制度改革的同时，试行了以岗位责任制为主要形式和内容的经营责任制，农村信贷资金管理体制也得以进一步改革。

农村信用社“三性”（即组织上的群众性、管理上的民主性、业务经营上的灵活性）有所恢复，独立性有所增强。1983 年，国务院 105 号文件提出要把农村信用社办成真正的合作金融组织，恢复其合作性质。在业务关系上，农业银行不给信用社下达指令性业务指标，除了按规定缴存准备金（较长时期内为 13%）之外，不规定转存款任务，多吸收存款可以多发放贷款。1986 年前后，又逐渐组建了县联社，行使对信用社进行管理、指导、调剂的职能，并使得农村信用社的自主权有所扩大，信用社无论在机构上还是在业务上都有了较快的发展。

2. 政策性金融、商业金融和合作金融并存的新格局(1993 年至今)

1994—1996 年这一阶段的改革更加明确了改革的目标和思路，提出了要建立一个能够为农业和农村经济发展提供及时、有效服务的金融体系的口号。具体地说，这一农村金融体系包括以工商企业为主要服务对象的商业性金融机构（中国农业银行），为农户服务的合作金融机构（中国农村信用合作社)，支持农业开发和农业技术进步、保证国家农副产品收购以及体现并实施其他国家政策的政策性金融机构（中国农业发展银行）。

随着城乡经济迅速发展和市场经济体制的建立，为适应农村不同经济层次发展的需要，1994 年以来，国家对农村金融体制进行了重大改革。1994 年组建了中国农业发展银行，专门承担农村政策性金融业务（1998 年中国农业发展银行的扶贫开发等政策性信贷业务又划归中国农业银行经营管理）；1996 年实施了农村信用社与中国农业银行脱离行政隶属关系的改革，农村信用社的业务管理，改由县联社负责；对农村信用社的金融监督管理，由中国人民银行直接承担；中国农业银行开始全面向国有独资商业银行转变。1996 年以来，农村金融体制改革的重点是恢复农村信用社的合作性质，进一步增强政策性金融的服务功能，充分发挥国有商业银行的支农作用，初步形成了以农村信用社合作金融为基础、中国农业银行商业性金融和中国农业发展银行政策性金融分工协作的农村金融体制新格局。

（1）中国农业发展银行的建立。

1993 年 12 月，国务院《关于金融体制改革的决定》提出金融体制改革的目标是：建立在国务院领导下，独立执行货币政策的中央银行宏观调控体系；建立政策性金融与商业性金融分离，以国有商业银行为主体，多种金融机构并存的金融组织体系；建立统一开放、有序竞争、严格管理的金融市场体系。确定组建国家开发银行、中国农业发展银行、中国进出口银行等三家政策性银行。文件指出，建立政策性银行的目的是实现政策性金融和商业性金融分离，以解决国有专业银行身兼二任的问题；割断政策性贷款与基础货币的直接联系，确保人民银行调控基础货币的主动权。政策性银行要加强经营管理，坚持自担风险、保本经营、不与商业性金融机构竞争的原则，其业务受中国人民银行监督。由中国农业发展银行承担国家粮棉油储备和农副产品合同收购、农业开发等业务中的政策性贷款，并代理财政支农资金的拨付及监督使用。

1994 年 4 月，国务院发出了《关于组建中国农业发展银行的通知》，批准了《中国农业发展银行组建方案》和《中国农业发展银行章程》。中国农业发展银行是直属国务院领导的政策性金融机构。其主要任务是：按照国家的法律、法规和方针、政策，以国家信用为基础，筹集农业政策性信贷资金，承担国家规定的农业政策性金融业务，代理财政性支农资金的拨付，为农业和农村经济发展服务。1994 年 6 月 30 日，中国农业银行、中国工商银行完成向中国农业发展银行划转信贷资产与负债业务。

1997 年，农业发展银行增设了地、县级基层机构，实现了业务由全面委托代理转为基本自营，初步建立了农业发展银行独立的业务经营和管理体系。1998 年，国家实施了新一轮粮棉流通体制改革，国家对农业发展银行的业务范围作了重新界定，从 1998 年起，农业发展银行专门从事粮棉油收购与储备贷款的发放和管理工作，农业发展银行必须做到粮棉油收购资金封闭运行，农业开发性贷款划归中国农业银行经营管理。2000 年，为了使国有资产保值增值，加强对国有金融机构的监督管理，国家派出监事会，对中国农业发展银行开展了以财务监督为核心的监督管理。2007 年 1 月 19 日至 20 日，全国金融工作会议确定农业银行股份制改革总的原则是“坚持面向‘三农’、整体改制、商业运作、择机上市”。2007 年 9 月，农行选择吉林、安徽、福建、湖南、广西、四川、甘肃、重庆等八个省（区、市）开展面向“三农”金融服务试点。2008 年 3 月，农行开始推动在 6 个省 11 个二级分行开始“三农”金融事业部改革试点。8 月，农行总行设立“三农”金融事业部，全面推动全行“三农”金融事业部制改革。2009 年 1 月 16 日，中国农业银行股份有限公司正式挂牌成立，这标志着我国最后一家国有独资商业银行顺利完成股份制改革，为农村金融的发展注入了新的生机和活力。

（2）农村信用社管理体制的改革。

1996 年起，国家对农村信用社管理体制进行了重大改革，改革的核心是农村信用社与中国农业银行脱离行政隶属关系，把农村信用社逐步改为由农民入股、由社员民主管理、主要为入股社员服务的合作性金融组织。到 1996 年年底，全国范围内包括人、财、物的农业银行与信用社之间的脱钩工作基本结束，并完成了行社之间的资金划转。信用社原缴存中国农业银行的存款准备金 990 亿元和原转存农业银行款项 888 亿元改为缴存和转存在人民银行，农村信用社与农业银行建立了在平等自愿基础上的业务往来关系。

1999 年以来，农村信用社对管理体制进行了有益的探索。第一，推进组建农村信用社市（地）级联合社和省级联合社的试点工作。1999 年，人民银行批准组建了浙江绍兴、江西赣州、广东茂名、湖南怀化等 4 家市（地）级农村信用社联合社。2000年，人民银行又批准设立了56家地（市）级联社，并成立了北京、重庆、宁夏、天津等省级农村信用社联合社。第二，人民银行落实金融监管责任制。按照《中国人民银行金融监管责任制（试行）》规定，层层分解了对农村信用社的监管责任制，明确各级行和监管人员的监管职责。规范了现场检查行为，加大了现场检查的力度。第三，根据“区别对待、分类指导”原则和各类农村信用社的不同状况，人民银行把农村信用社分成五类，采取不同的监管措施，对农村信用社进行分类指导和处置。

在经历了亚洲金融危机和1997年开始的通货紧缩后，国家在强调继续深化金融体制改革的同时，也开始重视对金融风险的控制，这在客观上强化了农村信用合作社对农村金融市场的垄断。主要体现在：

①在国有专业银行中推行贷款责任制；收缩国有专业银行战线。1997年中央金融工作会议确定了“各国有商业银行收缩县（及以下）机构，发展中小金融机构，支持地方经济发展”的基本策略，包括农业银行在内的国有商业银行开始日渐收缩县及县以下机构。

②打击各种非正规金融活动，对民间金融行为进行压制。1999年在全国范围内撤销农村合作基金会，并对其进行清算。

③将农村金融体制改革的重点确定为对农村信用合作社的改革，进入2003年以来，这一政策趋势日益明显且力度不断加大。2003年6月，国务院印发《深化农村信用社改革试点方案》，按照“明晰产权关系、强化约束机制、增强服务功能、国家适当扶持、地方政府负责”的总体思路，在浙江、

山东等八省市率先启动农村信用社改革试点；2004 年 8 月扩大至除西藏、海南以外的 29 个省（区、市）；2007 年 8 月 10 日，海南省农村信用社联合社在海口市举行了挂牌仪式。作为全国最后一家挂牌开业的省级联社，它的诞生，标志着农村信用社新的管理体制框架已经全面建立，标志着从 2003 年开始的农村信用社改革试点第一阶段的工作任务基本完成。农村信用社新的管理体制框架初步建立，产权组织形式呈现多元化发展态势。在财政、货币和税收政策的综合支持下，农村信用社彻底摆脱了发展缓慢、连年亏损的不利局面，迎来了历史上发展最快的时期。2010 年 9 月，银监会出台《关于高风险农村信用社并购重组的指导意见》（以下简称《意见》），要求各地通过并购重组加快推动高风险农村信用社风险化解。《意见》旨在指导各地农信社在地方政府扶持的同时，充分运用市场化手段，通过并购重组化解高风险农村信用社风险，进一步提高农村金融体系的稳健性，提升“三农”和小企业金融服务水平。

（3）多层次农村金融机构体系的初步形成。

1996 年，国务院《关于农村金融体制改革的决定》指出，由于各类金融机构相互间的关系没有理顺，没有建立起合理的管理体制和良好的运行机构，因而农村金融体制还不适应农村经济发展的需要。相当多的农村信用合作社失去了合作性质，背离了主要为农民服务的发展方向；现行中国农业银行领导管理农村信用社的体制与其自身改革为商业银行，在诸多关系上难以理顺；中国农业发展银行营业机构设置不适应业务发展需要，支持农村经济开发的能力较弱。因此，要进一步深化农村金融体制改革。

随着农村信用社与农业银行脱离行政隶属关系，中国农业发展银行业务实行基本自营，中国农业银行深化了自身改革，努力向国有商业银行转变。进一步加强内部管理，实行资产负债比例管理和风险管理，建立自主经营、自负盈亏、自我发展的机制；依据其拥有的在农村金融领域的传统优势，按照转轨不转支农方向的经营战略，在农村重点支持了一批有一定规模的农产品基地、龙头企业和支柱产业；在中小城市、城乡结合部和大集镇，主要支持乡镇企业、三资企业、私营企业以及其他民营企业；中国农业银行加强了内部经营管理体制改革，对全系统经营网络进行了调整，撤并了部分基层分支机构。1999年，国家成立了4家资产经营管理公司，中国农业银行向中国长城资产管理公司剥离了巨额不良资产。2000年，为了使国有资产保值增值，加强对国有金融机构的监督管理，国家派出监事会，对中国农业银行开展了以财务监督为核心的监督管理。

进入21世纪后，我国农村金融制度创新的最突出成就，就是农村地区各类金融服务机构类型和服务网点的快速增加，形成了包括银行类金融机构、非银行类金融机构和其他金融机构形式并存的多元化金融机构结构体系，共同向农村提供金融服务支持。在银行类金融机构中，在县域内开展业务的五大国有商业银行和全国性股份制商业银行的分支机构及经营网点是农村金融机构的主体部分，除此之外，近年来邮政储蓄银行、农村商业（合作）银行、农村信用社、村镇银行等机构取得的成效更加显著，在农村金融市场中的影响力及市场份额显著提高。在农村地区提供服务的政策性保险公司、商业性保险公司、证券公司、期货公司等非银行类金融机构对银行类金融机构业务形成了很好的补充，满足了农村地区日益多样化的金融服务需求。贷款公司、农村资金互助组织、小额贷款公司、小额信贷组织、典当行等为代表的其他形式金融机构，也在不断规范的同时，有针对性地拓展各自业务。根据中国银监会的有关统计数据显示，到2009年年末，全国县域银行业金融机构服务网点达到12.7万个，占全国银行业金融机构网点总数的65.7%。据统计，截至2013年年末，全国共组建1 134家新型农村金融机构，其中1 071家村镇银行、14家贷款公司、49家农村资金互助社。其中村镇银行的组建速度已从快速增长转向平稳发展，2013年新组建村镇银行195家，较2012年增加45家。随着多层次农村金融机构的快速成长，中央政府提出的消除"零金融机构乡镇"工作取得重大进展，截至2010年11月末，全国有30个省份实现乡镇金融服务全覆盖，有10个省份实现乡镇金融机构全覆盖，比2009年6月末共计减少服务空白乡镇732个，机构空白乡镇579个。截至2012年年末，我国银行机构涉农贷款余额已达17.6万亿元，其中农户贷款3.6万亿元，较2007年年末增长1.7倍，有8 524万农户获得信贷支持，覆盖面持续保持在30%以上。

1978—2010年主要的农村金融政策

时间	文件名称	主要内容
1978.12	《中共中央关于加快农业发展若干问题的决定（草案）》	恢复中国农业银行，大力发展农村信贷事业。
1979.2	《关于恢复中国农业银行的通知》（国发〔1979〕56号）	恢复中国农业银行的日常业务，领导农村信用社发展农村金融事业。

（续上表）

时间	文件名称	主要内容
1993. 12	《关于金融体制改革的决定》（国发〔1993〕91号）	在中国人民银行监管下建立中国农业发展银行、中国农业银行、农村合作金融组织协调发展的农村金融体系。
1994. 4	《关于组建中国农业发展银行的通知》（国发〔1994〕25号）	成立中国农业发展银行，使其发展为负责粮棉油收购资金管理、支持农业开发和农业技术进步的政策性银行。
1996. 8	《关于农村金融体制改革的决定》（国发〔1996〕33号）	成立农村信用社，由县联社和中国人民银行进行监管。
1997. 6	国务院办公厅转发《中国人民银行关于进一步做好农村信用社管理体制改革工作意见》（国办发〔1997〕20号）	按合作制原则进行农村信用社管理体制改革，加强、完善县联社和中国人民银行的监管职能。
1998. 7	《非法金融机构和非法金融业务活动取缔办法》（国务院令第247号）	规范农村金融秩序，取缔非法金融组织。
1998. 11	国务院办公厅转发《中国人民银行关于进一步做好农村信用社改革整顿规范管理工作意见》（国办发〔1998〕45号）	继续农村信用社的各项改革，组建行业自律组织，促进农村信用社健康发展。

（续上表）

时间	文件名称	主要内容
2000.8	江苏省农村信用社改革试点（国务院意见）	在江苏地区进行农村信用社的产权改革和组织管理模式改革。
2002.3	《中共中央国务院关于进一步加强金融监管，深化金融企业改革，促进金融业健康发展的若干意见》（中发〔2002〕5号）	农村信用社充分发挥对农业和农村经济的促进作用，各地区可根据自身实际情况建立县一级法人体制或进行股份制改造。
2003.1	《中共中央国务院关于做好农业和农村工作的意见》（中发〔2003〕3号）	强调农村信用社改革要明晰产权、强化约束机制、增强服务“三农”能力。
2003.6	《深化农村信用社改革试点方案》（国发〔2003〕15号）	继续推行农村信用社改革，由中央政府和地方政府共同承担农村信用社的不良资产。
2004.8	《国务院办公厅关于进一步深化农村信用社改革试点的意见》（国办发〔2004〕66号）	农村信用社试点范围扩大至全国21个省市和地区。
2005.1	《中共中央国务院关于进一步加强农村工作提高农业综合生产能力若干政策的意见》（中发〔2005〕1号）	确定农村金融体制改革的总体方案，允许各地设立小额信贷公司和社区金融机构。

（续上表）

时间	文件名称	主要内容
2006.1	《中共中央国务院关于推进社会主义新农村建设的若干意见》（中发〔2006〕1号）	确定农村金融体制改革的总体方案，允许各地设立小额信贷公司和社区金融机构。
2006.12	《中国银行业监督管理委员会关于调整放宽农村地区银行业金融机构准入政策，更好支持社会主义新农村建设的若干意见》（银监发〔2006〕90号）	各地区从解决农村金融市场网点少、金融供给不足的问题出发进行村镇银行试点。
2007.8	《关于银行业金融机构大力发展农村小额贷款业务的指导意见》（银监发〔2007〕67号）	允许所有银行业金融机构发放小额贷款。
2008.5	《关于小额贷款公司试点的指导意见》（银监发〔2008〕23号）	在部分地区开展小额贷款公司试点工作。
2008.10	《中共中央关于推进农村改革发展若干重大问题的决定》	建立现代农村金融制度，对于支持“三农”业务达到一定标准的金融机构给予一定的税收减免和财政补贴。

（续上表）

时间	文件名称	主要内容
2009.2	中央“一号文件”	抓紧制定农村金融存款回流办法，建立独立考核机制。加快发展多种形式的新型农村金融组织和以服务农村为主的地区性中小银行。
2009.2	《关于做好农民专业合作社金融服务工作的意见》	要求各地农村合作金融机构要积极构建与农民专业合作社的互动合作机制，进一步加强和改进对农民专业合作社的金融服务。
2009.5	五部委《关于做好集体林权制度改革与林业发展金融服务工作的指导意见》	对加快林业投融资改革给予了明确的政策支持
2009.6	国务院常务会议部署开展新型农村社会养老保险试点	2009年在全国10%的县（市、区）开展新型农村社会养老保险试点。
2009.7	银监会出台《新型农村金融机构2009—2010年总体工作安排》	加快完善农村金融组织体系和服务体系，在全国35个省、自治区、直辖市及计划单列市共设立1 294家新型农村金融机构。

（续上表）

时间	文件名称	主要内容
2010. 1	中央"一号文件"	对于农村金融改革的推进措施，主要强调了两个方面：一个方面强调了制度激励，另一个方面强调了制度约束。
2010. 4	《关于加快发展新型农村金融机构有关事宜的通知》	允许银行业金融机构主发起人到西部地区（除省会城市外）和中部老、少、边、穷地区以地（市）为单位组建总分行制的村镇银行。
2010. 5	《关于全面推进农村金融产品和服务方式创新的指导意见》	要求积极建立和完善推动农村金融产品和服务方式创新的工作协调机制。
2010. 9	《关于高风险农村信用社并购重组的指导意见》	此举意味着作为农信社改革最为关键的产权制度改革已经步入深水区，高风险农信社的股权改造将会更为彻底。

3.2 农村金融制度的现状分析

自 1979 年 2 月农业银行恢复以来，中国已经进行了 30 余年的农村金融体制改革。从 2004 年到 2014 年，这是中央第 11 次在“一号文件”中强调农村金融问题的现实性和重要性。30 多年的改革实践，尤其是十六大以来，国家的高度重视和出台的一系列扶持政策，使我国农村金融改革取得了显著的成效。

一是金融机构涉农贷款显著增加。截至 2012 年年底，全部金融机构本外币农村（县及县以下，下同）贷款余额 14.5 万亿元，同比增长 19.7%，占各项贷款余额比例为 21.6%，较 2007 年年末增长 188.6%，5 年间平均增速为 24.4%。

二是农村金融机构网点不断增加。目前，我国已基本形成银行业金融机构、非银行业金融机构和其他组织共同组成的多层次、广覆盖、功能互补、相互协作、适度竞争的农村金融服务体系，从而不断提升了农村金融服务的可能性。截至 2012 年年底，以农村信用社（含农村商业银行和农村合作银行）与村镇银行、贷款公司和资金互助社等新型农村金融机构为主体的主要涉农金融机构数 3 274 个、营业性网点数达 75 869 个、从业人数达 809 733人。全国金融机构空白乡镇从 2009 年 10 月启动时的 2 945 个减少到 2012 年年末的 1 686 个；实现乡镇金融机构和乡镇基础服务双覆盖的省份（含计划单列市）从启动的 9 个增加到 2012 年年底的 24 个。

三是农村金融机构经营绩效持续改善。主要涉农金融机构盈利水平逐年上升，涉农贷款不良率不断降低，可持续发展能力稳步提高。截至2012年年末，金融机构涉农贷款不良率为2.4%，同比下降0.5%，其中：中资四家大型商业银行涉农贷款不良率为1.4%，农业银行为2.0%；中资中型银行涉农贷款不良率为0.9%，农业发展银行为1.0%；农村信用社（含农村商业银行和农村合作银行）涉农贷款不良率为5.4%，比2011年年末下降了1.1%。

四是农村融资渠道日益多元化。在人民银行、发展改革委、证监会等部门的积极推动和政策支持下，涉农企业通过发行股票、公司债、短期融资券、中期票据、中小企业集合票据等直接融资渠道获取资金的数量不断扩大。2012年涉农企业在银行间债券市场的各类非金融企业债务融资工具发行额为1 293.3亿元、余额1 970.7亿元，分别比2005年增加了1 249.3亿元和1 926.7亿元，增长了28.4倍和43.8倍。

五是农业保险覆盖面稳步扩大。近几年来，我国农业保险在国家政策的大力扶持下，保险试点的省份、享受中央财政补贴的保险品种、开展农业保险业务的保险公司以及经济补偿能力等方面都有了长足的发展。2012年1—12月，我国农业保险保费收入240.13亿元，同比增长38%，为1.83亿农户提供风险保障9 006亿元，承保户数同比增长8%，保险金额同比增长38%。目前，我国的农业保险规模仅次于美国，已成为全球最活跃的农业保险市场之一。

六是农村信用环境逐步改善。近年来，人民银行联合地方政府、相关部门、金融机构多渠道开展对农村地区的信用知识宣传；征集农户信息，完善农户、农村个体户等农村经济主体的信用记录，建立信用档案，探索建立适合地方特点的农户评价体系，推动各地开展“信用户”、“信用村”、“信用乡(镇)”创建。引导涉农金融机构对守信农户简化贷款手续、降低贷款利率上浮幅度，推动地方政府及各涉农职能部门出台与信用相结合的“三农”支持政策，共享农户信用信息，构建“守信收益，失信惩戒”的信用激励约束机制，提高农户和农村企业的信用意识，改善信用环境。

3.3 我国农村金融制度变迁的特征分析

构成中国农村金融体系的主体是中国农业发展银行、中国农业银行、农村信用合作社三大金融机构。作为主要面向农业、农村和农民的金融机构，它们形成政策金融、商业金融与合作金融分工协作的农村金融格局，作为支持农业和农村经济发展的金融制度保证。

1. 中国农村正规金融组织的制度变迁特征

农业银行、农业发展银行、农村信用社的制度变迁是由中央政府主导的强制性变迁。农行、农发行、农信社等构成了中国农村金融体系中的正规金融组织。在它们的制度变迁进程中，中央政府自始至终都居于绝对的主导地位，因此制度变迁的方向、广度、深度和战略选择等基本上取决于中央政府的意愿和能力。新中国成立后，为了早日赶超西方发达国家的经济，中国选择并实施了优先发展重工业的发展战略。重工业是资本密集型产业，在当时的中国，资本稀缺，国家唯有通过垄断金融资源并压低利率来将大部分资金投向重工业（林毅夫，

2001）。因此，建立大一统的金融体制，把人民银行作为政府的“出纳”，完全垄断国内所有的金融业务，配合财政集中各种社会剩余并将之直接配置到各产业部门是政府的必然选择。在农村，农村信用社仅仅是人民银行的基层机构。这是中国农村金融制度变迁的起点。

经济体制改革开始后，农村金融市场乃至整个金融市场发育程度低，金融市场机制远未正常发挥作用。由于赶超的观点、战略和行为始终存在，中国金融制度变迁的速度很快。与此同时，纷繁复杂的问题和矛盾在短时间内集中暴露，需要创新制度安排来解决这些问题和矛盾。但此时，中央政府却受其有限理性和多重目标的制约而未能及时提供制度供给。也就是说，中央政府并没有完全按照制度均衡与否和需求的大小来决定制度创新，而是在有限理性之下追求多重目标偏好统一的效用函数最大化，即制度创新安排在很大程度上取决于中央政府的意愿。实际上，农业银行、农业发展银行、农村信用社的业务领域、组织机构的重组、管理办法的改变等，无一例外地由中央政府借助行政命令、法律规范在一个金字塔式的行政系统内自上而下地规划、组织、实施和监控，带有鲜明的强制性制度变迁的特点。

2. 农村民间借贷的制度变迁特征

在中国农村，民间借贷历史悠久，在亲朋好友之间普遍存在。经济体制改革以来，农村商品生产、流通活动空前活跃，特别是20世纪90年代中期以来随着农业产业化进程的加快，民间借贷进入了一个快速发展时期，借贷规模、范围都逐渐扩大。

一般而言，农村民间借贷分为两种：传统的互助性质的民间借贷和近年来农业产业化进程较快地区出现的针对农户生产经营进行的营利性质的民间借贷。这些借贷都没有通过农村正规金融组织进行，而是在农户之间彼此自愿的基础上自发产生，遵循着一些“老规矩”，因此，农村民间借贷是一种非正式的金融制度。

传统的农村民间借贷交易发生在亲朋、邻里之间，双方彼此之间拥有较充分的信息，双方的行为主要靠“老规矩”来制约。可以说，这种交易是一种人格化交易，具有低成本、互助的特征。贷款人一般不需要支付利息，或者支付较低的利息，或者支付与利息额大致相等的礼物。因此，它具有极强的生命力，不管正式的金融制度如何完善，金融机构如何强大，它作为一种非正式金融制度都会长久地存在，并发挥其资金配置作用。

近年来在农业产业化进程中出现的民间借贷，是农户在传统的民间借贷基础上对农村正规金融组织行为的理性学习和替代的结果（温铁军，2000）。这种交易活动在农行战略收缩、农村合作基金会关闭后发展很快，当前已在农户借贷活动中逐渐占主体地位。这种交易活动已经突破了亲朋、邻里之间的界线，交易双方不再拥有较充分的信息，一些“老规矩”不能再有效地制约交易双方的行为。为了节约一部分“老规矩”失效而增加的交易费用，这种交易学习了农村正规金融组织的某些借贷制度安排，使借贷活动呈现商业化倾向。

农村民间借贷对农村经济金融的发展有利也有弊。民间借贷有利于缓解农村资金供求紧张的矛盾，拓宽投资渠道，促进农村经济发展，但其资金投向带有较大的盲目性，若控制不当，会影响到金融宏观调控。民间借贷能有效地弥补农村正规金融组织服务水平的不足，促使其提高金融服务水平，但同时又会对农村正规金融组织带来一定的冲击。民间借贷有利于促进农村资金要素市场的发展，但又易出现经济纠纷和金融诈骗，影响到资金市场的有序运作，增加社会不稳定因素。

3. 农村金融制度变迁滞后于农村经济制度变迁

从我国农村金融制度改革的实际进程来看，金融制度变迁一直落后于农村经济制度变迁，在金融制度安排的创新选择方面既存在对农村经济制度变迁的模仿，也存在对它的复制。如农村金融组织按行政区划设置和调整，20 世纪 80 年代中期的农业银行企业化改革中实行的“承包制”经营，就是对农村家庭联产承包责任制以及后来国有企业“承包制”的模仿。农村金融制度变迁之所以滞后于整个农村经济制度变迁，可能有以下两个原因：一是由于改革初期国有金融垄断了整个农村金融体系，使农村金融体制内部缺乏诱致性制度变迁的利益团体，农村金融部门的体制改革只能靠实质部门体制变革的压力推动。二是制度创新主体关于制度转轨知识存量有限，从计划金融制度过渡到市场金融制度，对于一个长期习惯于计划金融制度的政府而言，其制度转轨和改革的知识存量是极为有限的。金融制度的变革较之其他经济改革应更为审慎，在实质经济部门新的制度模式成长起来之前，金融超前变革会给国民经济带来较大的风险。因此，在其他领域首先进行改革，并积累经验以指导金融改革似乎是一种理性选择。

4. 农村金融制度变迁是一种渐进式制度变迁

无论是强制性制度变迁还是诱致性制度变迁，在速度、方式、方法上都有“渐进”和“激进”两种方式。从我国农村金融制度变迁的轨迹看，具有明显的渐进式改革特征：一是不首先改变农村金融现有的制度体系和利益关系，二是不首先触及农村金融产权问题，而是在现有的框架内，先推进专业银行向商业银行转轨，规范农村信用合作社经营行为，建立农村政策性金融，稳步发展农村保险业务和农村证券业务，然后再推动农村金融的综合改革，包括整个农村金融体系构建，产权制度改革和法人治理结构再造等，体现了由易到难、稳步前进的原则。改革开放30多年的农村金融改革无论是农村金融体系调整，或是商业性金融业务与政策性金融业务分离，还是专业银行向商业银行转轨，抑或是发展农村保险、证券业务，均在有效的机制创新和强化管理上作技术上的调整，没有涉及制度改革的内核，也没有涉及利益分配这个核心。农村金融渐进式改革在保持改革的稳定性、连续性，降低改革的摩擦成本方面具有积极效应。

4　中国农村金融制度缺陷分析

改革开放以来，在金融体制变革和金融创新的推动下，农村金融体系和金融发展取得长足进步，但也要看到，农村金融体系在运行和发展中仍存在着一些问题，主要表现为以下几个方面。

4.1　中国农村金融组织体系缺陷

现行的农村金融体系是一个围绕城市工业化的制度安排，近年来包括农信社在内的金融商业化改革的陆续启动，城市化发展倾向加快，加剧了农村金融的困难处境。一系列制度安排使农村金融资源供不应求，呈现出总量与结构的双重失衡。

1. 中国农业银行

中国农业银行在农村金融市场中居四大国

有商业银行的主导地位，其涉农贷款包括专项农业（扶贫、农业综合开发及粮棉油附营）贷款、常规农业（农林水牧渔及农产品加工）贷款、乡镇企业贷款、农村供销社贷款、农副产品收购贷款和农业、农村基础设施建设贷款。随着四大国有商业银行县域机构大规模撤并，逐渐退出农村金融市场，信贷服务主体局部缺位，中国农业银行的农村金融主导地位也在弱化。1996 年以后，农业银行开始走商业化道路，商业银行“营利性、流动性、安全性”的经营原则与农业生产的“高风险性、分散性、波动性、长期性”相悖；农业银行将农业资金从以农业为主转为工商业并举，竞争视角从农村转向城市，以获取足够的资金来源及高额回报，使得农村金融市场本来就很少的资本变得更为稀缺。另外，贷款从申报到审批程序复杂，信贷准入门槛高，客户只能望贷兴叹。国有商业银行把对城市的贷款测算评价系统简单移植到农村，造成许多项目在农村是好项目，到城市是小项目，融资申请成功率低。

2. 中国农业发展银行

农业发展银行承担政策性收购资金供应与管理工作，贷款主要用于粮棉油等国家重要农副产品的收购、储备、调销等流动资金贷款，实现收购资金封闭运行。随着农村市场化改革的不断深入，农业发展银行的作用越发有限、地位越发尴尬。第一，作为政策性银行，其资金来源于财政拨款，长期以来资金拨付有限，且资金不能按时到位，有时不得不向央行借款，使筹资成本上升，制约了农业发展银行的发展。第二，对农业发展银行实行“独立核算、自主保本经营、企业化管理”与农业发展银行承担的农村政策性银行的职能存在一定的矛盾。第三，农业发展银行业务单一，仅在农产品的收购、储备、调销等纯政策性方面发挥作用。

农业发展银行功能定位单一，不能有效弥补商业性金融机构逐渐退出农村金融市场造成的缺失。支持“三农”除需要财政资金的投入以外，政策性金融机构应当发挥其特有的扶持功能。但从目前的实际情况来看，政策性金融功能缺位，制约了金融支农作用的有效发挥。农业发展银行作为农业政策性银行，目前仅限于单一的国有粮棉流通环节信贷服务，基本上只负责粮棉油收购资金的发放和管理，其他政策性业务，如支持农业开发、农业产业化和农村基础设施建设等功能并没有有效运作起来，对改善农业生产条件、调整农村产业结构和促进农民增收的作用乏力。近年来，尽管农业发展银行业务有所延伸扩展，但信贷业务整体格局并未有大的突破。

3. 农村信用合作社

农村信用合作社作为中国农村金融组织体系在农村最基层的组织机构，直接面对农户和农村各种不同的金融需求主体，在支持农业和农村经济发展中始终占据举足轻重的地位。按国务院的规定，1996 年农村信用合作社与农业银行脱钩，恢复合作金融性质，全部基层信用社为一级法人，但目前并没有实质的进展。主要存在问题表现为：

①绝大多数信用社是在原信用社的基础上进行改革，历年来的积累与亏损由谁（国家、农业银行、老社员还是新社员）享有与承担，很难界定清楚。

②合作社缺乏合作性质。随着合作社制度的变迁，合作社的互助共济性正在淡化，官办色彩浓厚，农民缺乏入社的积极

性，农民也很少是信用社的社员，信用社的民主管理更是形同虚设。

③信用社为农村社员服务的范围非常有限，经营的自负盈亏、追求自身利益的最大化的商业倾向，使得资金向收益相对高的城镇或非农部门流动，真正需要资金贷款的农户难以得到金融支持，农村信用社离农民越来越远。农村信用社使得城市资金不但不能有效地流入农村，实现工业反哺农业，农村资金反而流向城市，造成农业、农村的发展和农民福利改善的严重滞后。此外，农村信用社直接面对农户和农村各种不同的金融需求主体，虽然在支持农业和农村经济发展中占据举足轻重的地位，但在网点设置、功能定位、历史包袱、利率定价等方面存在着诸多突出问题，导致支农能力弱化。就目前而言，农村信用社还没有担当起弥补国有商业银行撤出的空白和政策金融服务断层的重任。

4. 农村邮政储蓄机构

长期以来，邮政储蓄以其邮政代办点遍布乡村和邮政汇款便捷的优势，最大限度地吸收了农村闲置资金，但邮政储蓄体制使农村区域资金向城市和非农部门单向流动，存在着严重的制度缺陷。一方面，在业务上它只吸收存款，把储蓄资金转存入中央银行，以转存利率与吸储利率差额作为其收益来源，对外不办理贷款业务，无法满足农户的贷款需求。另一方面，邮政储蓄机构通过吸收存款存于央行赚取利润，将农村稀缺的资金倒流到城市中去，使本来就紧张而缺乏的农村金融供给市场更加恶化，阻碍了农村经济的健康发展。此外，邮政储蓄机构性质不明，不利于监管。邮政储蓄局属于邮政部门的内设机构，而邮政储蓄网点又属于金融机构，央行的监管很难实施。

5. 农业保险机构

中国人民保险公司承担着农村保险业务的功能。保险公司针对农户和农村企业开展的保险主要集中于在非生产性领域开展的某些险种，如财产保险、住房火灾保险、疾病保险等。但是农户最需要的农作物保险、养殖业保险则极其缺乏。目前农业仍然主要依靠两种传统的农业风险保障途径：民政主管的灾害救济、中国人民保险公司以商业方式推进的农业保险。农业保险组织主要存在的问题有：灾害救济的手续繁杂、面窄、水平低且难以监管；农业保险的承保率低下、赔付率高、经营亏损严重、业务量较少。农业保险业务萎缩，严重滞后于“三农”对风险控制的需求。农业保险在农村市场基本断链，与建设新农村对风险控制的需求很不相称。

4.2 中国农村金融组织的产权制度缺陷

中国农村金融组织的产权从表面上看是清晰的，因为法律上把农发行、农行的所有权界定为国家所有，把农信社界定为社员所有。然而，产权不仅指所有权，还包括了使用权与转让权、收益权、索取权、控制权等在内的一束权利。从产权的这个含义来看，农村金融组织的产权是残缺的，其产权结构的安排也存在不合理之处，由此导致其治理结构不合理。

1. 农业银行的产权关系

近年来，农行先后围绕权力下放、资产负债比例管理与风险管理、实行经营目标责任制等进行了改革尝试，但是对适应现代商业银行发展所要求的产权制度、治理结构方面的改造则较少触及。现阶段农行的产权制度还存在着明显的弊端。农行是国有商业银行，其产权名义上属于国家所有，然而国家不具备具体的“人格”行为能力，不可能有真正行使产权的能力，它只好把产权委托给各级政府、各级银行主管和银行的一般职工代理经营。国有产权具有不可分割性，即它不可能分解、量化到每个公民。因此，每个公民都可以说自己作为国家的一员是农行的所有者，然而没有任何人能够说自己是真正的委托人。这种产权由谁来代表并不清晰，造成产权主体缺位、产权关系处于虚置状态。

中央政府代理农行的产权阻碍了政银分开、“两权”分离。国家的代理人——中央政府在国有银行的产权关系中占主导地位，并以法定代理人的身份出现。中央政府在取得国有银行的财产代理权后，向各级政府、各部门分配部分控制权。这样的产权安排难免使得各级政府、各部门干预银行经营，政银分开、“两权”分离难以真正实现。

由于产权主体缺位，没有一个人格化的产权主体像真正的财产所有者那样具有强大的内在动力和内在压力来关心国有产权的收益，承担国有产权的风险责任，只好由国家来承担，这样风险就高度集中于国家这个非人格化的主体，因而产权主体缺位直接导致农行产权的风险载体不明。

此外，存在明显的“内部人”控制现象。由于产权主体缺位、缺乏以业绩（主要表现为利润）为导向、清晰公平的评估考核机制、缺乏市场化的激励机制等因素的存在，中央政府同国有银行之间、国有银行的上级行和下级行之间，都普遍地存在着明显的“内部人”控制现象。无须承担财产风险的经理层和一般职工事实上共同取得了国有银行资产的控制权和支配权，使经理层的人员之间、经理层和一般职工合谋寻租，利用银行资产为局部甚至是个人牟取利益（毛小威、巴曙松，2001）。农发行也存在类似的问题。

2. 农信社的产权关系

合作制企业的产权内涵表现为社员参与民主管理，主要为社员提供优于非社员的低成本、便利性服务，对社员服务不以盈利为主要目的，有盈利则按股份分红等。而从中央政府主导的中国农信社的制度变迁历程来看，其产权在实际运作中一直处于主体缺位的虚置状态之中。

在农信社的初始产权的确立上，农民社员虽然是农信社的“主人”，但他们的入股行为没有自愿的特征，更多地体现为对政府选择的非自愿顺从。由于农民入股的非自愿性，加上没有其他正式制度（如民主管理制度、分配制度等）的有效配合，农信社的产权从一开始就没有得到清晰的界定。或者说其产权仅仅在形式上得到界定，实际上仍处于虚置状态之中。民主管理制度流于形式，绝大部分社员入股后基本上不关心、不参与农信社的经营管理，使社员对农信社管理的权力虚置。

许多地区的农信社经营呈现比较明显的商业化倾向，吸收股金时大多采取了固定按年付息的方法。社员不承担经营风险，农信社经营有盈利，社员得不到红利；农信社处于亏损状态，社员也可以得到固定收益。这样的“入股”与商业银行的存款已不存在实际差别，股权实际上已经转化为债权。由此导致农信社的分配制度走样，社员的剩余索取权丧失，收益权受到一定程度的削弱。

内部人控制现象严重。产权主体缺位、没有到位的产权监管人，加上人民银行对农信社的监管缺乏法理依据，且其监管注重金融风险控制，形成了农信社不够健全的监督机制，致使农信社资产为内部人控制的现象严重。

4.3 中国农村金融监管制度缺陷

我国已经初步建立起一个分工负责、相对独立的金融监管组织体系，防范和化解金融风险的能力不断加强。然而农村正规金融组织——农行、农信社和农发行都由人民银行监管，其监管模式、政策、标准基本上是简单地从城市商业性金融组织移植，很少考虑到农村金融组织的运营特点。从审慎性风险监管和农村金融市场发展的实际情况来看，现行的农村金融监管体制还存在缺陷，尚不能有效地监控农村金融风险。其金融监管制度缺陷比较明显地表现为：

①农村金融监管目标错位，使外部监管职能难以充分发挥。证监会、银监会、保监会集金融监管、维护金融安全和社会稳定多重职能于一身，在缺乏存款保险制度和维护社会稳定的大前提下，监管部门有时只得以牺牲监管效率、降低监管要求或与监管对象作出某种程度的妥协来维护社会、金融稳定。加之复杂的内外部条件和环境的制约，地方保护主义和部门利益的影响，以及监管权力与责任不对称，金融监管职能难以充分发挥。

②监管机构之间、监管机构与中央银行之间信息不对称，

难以形成高效监管合力。目前，银行、证券、保险三大监管机构之间的协调机制尚不健全，中央银行与监管机构信息难以共享，监管机构基本上处于分兵把守、各自为战的状态，监管的政策措施相互重叠或相互抵触的现象时有发生。

③监管理念落后，监管内容陈旧，监管效率很低。目前世界通行的金融监管理念早已越过行政管理和合规性监管时代，取而代之的是以风险管理为核心、涵盖从准入到退出的一整套完整的监管内容和体系，即预防性为核心的事前监管、金融稽查或检查，维护性的事后救助监管等完善的监管内容和体系。而我国农村金融监管理念还基本上停留在机构、业务审批和合规性检查的阶段，而非现代意义上的金融监管。一是重视合规性监管，忽视风险性监管。现阶段对农行、农发行和农信社等金融组织的监管仍然主要采用审批和现场监管方式，监督和考核的主要是金融组织的经营活动是否合法，而对其风险的监管和具体的执行远远不够，缺乏一套有效的风险监管机制。二是重外部监管，轻内部控制制度建设。由于产权制度缺陷和治理结构不完善，农行、农信社等金融组织并未真正形成利润最大化的经营目标，因此它们控制和防范金融风险的自觉性差，内部控制体制尚未健全，已有的行业自律组织也未充分发挥作用。因此，对金融业的监管真正起到作用的往往是国家的宏观金融调控，各金融机构内部控制制度亟待健全和完善。

④监管法规标准、监管方式和技术手段不适应市场监管要求。从发达市场经济国家金融监管来看，无论是检查和评价，还是风险管理，都有全国统一、具体的量化标准。而我国金融监管由于难以摆脱行政式监管惯性的影响，衡量金融企业行为

的客观标准和奖惩办法不明确、不透明，偏重于行政命令而轻法制监管。20世纪90年代，中国金融领域先后出台了《商业银行法》、《中央银行法》等法规和条例，但与农信社、农发行等金融组织相关的《合作金融法》、《政策性金融法》等法律至今仍未制定。这种状况不但与国际惯例不符，而且也影响到对农信社、农发行的监管，即人民银行对农信社和农发行的监管缺乏法理依据。因此，在实际工作中只好更多地采用行政干预的方式，如一旦出现违规行为则直接干预，而不是按市场规则来监管金融组织的日常经营活动，法制观念淡薄。另外，由于没有相关法律的严格界定，农发行、农信社的定位一直摇摆不定、模糊不清，影响了它们的进一步发展。

因此，在具体监管方式上，主要依靠现场检查，特别是突击性的“大检查”，非现场检查和持续性跟踪研究远远不够。在检查内容上，侧重于业务合规性检查而忽视金融企业整体经营安全性、营利性和风险控制能力检查。在监管技术手段方面，国外一些成熟和先进的风险管理监管技术尚未引入，监管技术手段严重滞后。

⑤缺乏对监管者的监管，金融监管有时难以做到客观公正。在制度严格的国家，对监管人员行为有着严格的规范。但在我国，由于缺乏相应的制度，更由于缺乏执行制度的文化和配套机制，监管人员与被监管对象之间有时存在各种利益关系，不利于提高金融监管效率，防范金融风险。

如何构建一个符合中国实际情况的监管体系，也是需要认真思考的问题。民营中小银行和农村草根金融难以发育，一个重要因素就是：在目前的监管框架中，对这些小型或微型的金融机构实施全面监管的成本过高。

4.4 农村金融制度发展的基础建设不足

受我国经济发展不均衡特点的影响，我国金融发展过程中也表现出显著的城乡“二元”结构特征。这种城乡金融“二元”结构的存在，既有农村及农业经济自身的原因，也有农村金融发展重要制度缺失的原因。要想从根本上打破这种城乡金融“二元”结构的状态，除了进行必要的金融改革外，还要从农村内部完善金融发展的制度环境。

1. 农村信用基础薄弱，农户融资难问题突出

一是城乡金融发展的“二元”结构失衡，是我国金融运行中一个主要的结构性矛盾。农村金融发展严重滞后于城市，根本原因在于农村地区信用基础薄弱，不足以支持农村金融的健康发展。虽然经过30多年的改革，我国农村地区经济社会生活方式并未发生本质性转变，尤其是在农村信用基础方面，依旧是以基于传统农村熟人社会的亲缘血缘等人情关系作为农户借贷的信用基础。这种模式虽然可以更好地实现借贷双方的信息完全对称，最大限度地降低交易成本，然而一旦信贷关系超越熟人社区，这种关系信用则不适合社会化大生产背景下的信用要求，农户从正规金融机构获得贷款的难度显著提高。这是因为由农村地区生产力和经济发展水平决定的农村金融生存与发展的外部基础薄弱，没有好的农村经济发展作为基础，是不可能有好的农村金融发展的。信用资格的取得，并不是简单取决于债务人的道德水平，而是要有一定的经济基础作支持

的，尤其是城市金融创新中的供应链金融、应收账款融资、票据融资等，都是以债务人的未来收入为支持的。而农村当前的生产方式依旧表现出浓厚的小农经济特点，农户的投入与产出都存在很大的不确定性，融资机制创新存在很大难度，从根本上制约着农村信用形式的创新。再有就是农村地区缺乏其他类型的信用担保方式，农村信用登记、征信及担保体系基本不存在，农业保险与再保险体系仅仅处于试验阶段，农村产权交易体系基本属于空白，导致农村地区风险转移、分担、补偿、处置等的机制或渠道严重匮乏，经营风险集中到各家农村金融机构，严重制约了农村金融机构的发育和成长。

二是农户借贷难问题依旧突出。金融机构为提高信贷资产的安全性，设置了严格的业务流程，客观上导致了农户向金融机构贷款的手续烦琐。农业生产具有很强的时效性，尤其是种植业，对自然节气的依赖性较高，一旦错过最佳播种时节，就会影响到未来的收入，所以农户的融资需求具有很强的时效性，希望能够更方便快捷地得到贷款支持，这样就与大多数金融机构的贷款业务流程规定产生矛盾。与此同时，随着农村人口结构的显著变化，受过一定教育的青壮年劳动力大多外出务工，留守农村的大多是没受过很好教育的老年人，他们对金融机构提供的贷款合同条文理解不好，客观上也使他们感觉贷款难度偏大。再有就是金融机构提供贷款之前还要求农户提交抵押品并进行必要的估值，相关评估费用也会让农户感觉无法承受，很多农民倾向于手续简便、及时灵活的民间借贷。

2. 农村金融机构债券保护的法律缺陷

首先，从立法本身来看，农村金融机构和金融运行缺乏特殊的法律条文。作为农村最重要的金融机构，农村信用社目前还没有一部专门的法律来对其性质、内部治理结构、日常运营机制等方面进行严格明确的界定，使得农村信用社在“合作金融”与“商业金融”两种模式之间摇摆不定，不利于农村信用社的规范发展。在农村地区，民间金融机构复杂多样，既有各种带有互助性质的“社”，也有各种规模比较大的基金会、互助储金会，还有部分行为较为规范的典当行。这些民间金融机构的存在，对我国农村发展起到了一定的积极作用，但是由于缺少法律的规范，这些金融机构的法律地位不明确，各种不规范行为得不到约束，累积了大量风险，甚至影响到社会的稳定。即便对于一些依据相关规定设立的小额信贷组织，也同样缺少严肃的法律规范，处于一种无法可依的境况。

其次，农村金融机构的债权得不到充分的法律保护。在农村地区，金融机构对于逾期债权的权益主张，依旧是借助农村熟人社会的关系网络作为监督和催收手段，在一定程度上保证了借贷资金的安全性。这是因为联保贷款的担保行为发生在关系比较密切的亲朋或邻里之间，如果借款方“赖账不还”，不仅会损害联保小组成员之间的亲情和邻里关系，更会损害其社会声誉和地位，直接影响到其未来的经济活动和社会交往。但是，这种道德约束在很多情况下是难以发挥效力的，在某些地区，有组织地逃废金融机构债务等严重损害债权人合法权益的现象仍旧屡有出现。即便是金融机构通过诉讼方式追索债权，由于一些法律规定与农村特定的生产生活方式，保护效果有限，比如按照最高人民法院《关于人民法院民事执行中查封、扣押、冻结财产的规定》，“被执行人及所抚养的家属生活必需的居住房屋人民法院可以查封，但不得拍卖、变卖或者抵债”，农村金融机构在胜诉贷款的执行中就出现了有相当难度的新问题。这是因为很多农户的住房除了生活必需部分一般无多余部分，即使有也无法分割，这给农村金融机构实现债权设置了障碍，给借款人提供了拒绝履行还款义务的保护。再比如，关于法律中有关共有财产的处置规定，由于农户既是生产经营主体同时也是家庭生活基本单位，很多都是夫妻共同拥有财产，而借贷大多是家庭成员中的某个人办理，如果在合同签订时未设置共同抵押，则到了执行时就会因形成纠纷而无法执行。

3. 农村信贷抵押担保机制设计存在缺陷

一是农业生产的不确定性，导致农业生产未来有效的“将有”的各类担保抵押品的匮乏，而金融机构为保证自身经营安全，维护出资人的利益，往往需要借款人提供合乎资质的抵押或担保，这样就产生了急需外部资金支持发展与缺少担保抵押之间的矛盾。二是城市和工商业经营主体一般具有完全的物权，无论是动产还是不动产，农户物权中相当部分抵押权和担保权受到诸多法规的严格限制，不仅在设定抵押担保时遇到很多障碍，在司法实践中也面临着很多困难，从而抑制了农村信贷发展。在农村金融机构提供抵押贷款时，抵押品以农机等居多，这些抵押品的变现能力普遍较弱，如果法院在拍卖中出现流拍，会依法将抵押品裁决给金融机构抵偿贷款，并且很多抵押品的评估价值远远高于其实际价值，超值部分还需要金融机构支付现金，同时金融机构还需要承担产权过户、契税、管护等费用，收回的资金不足以覆盖贷款本息。除此之外，农村金融机构主要面向农村，服务的对象主要是农民，除了农机等资产外，农户最大的财产就是在集体土地上的自住房屋，故往往将房屋作为抵押担保，此类贷款形成不良贷款的概率偏高。当法院对此类抵押贷款依法执行时，由于集体土地使用权不得抵押、不能转让的规定，使得抵押财产无法变现、无法执行。

4. 农村金融机构监管中存在的政策不适用问题

首先，农村金融监管制度的价值定位模糊。从理论角度来看，金融监管的目的在于增强经济安全与提高经济效率。从我国金融监管的目的来看，经济安全始终是重点考虑的内容之一，在农村金融监管上表现得更加显著，最突出的特点就是对农村金融机构的准入采取更加严格的管制。对农村实施更加严格的金融监管，主要出于以下几种考虑：一是农村地区产业风险程度偏高，且缺乏风险对冲机制。农村金融面对的主要是自然风险和市场风险都比较高的种植和养殖业，结果必然就是涉农信贷的风险偏高，在期货、保险等风险对冲机制缺乏的情况下，出于稳定金融系统的考虑，政府对农村金融采取偏严的监管是顺理成章的事情。二是农村地区特殊的社会环境。我国农村小农经济模式依旧突出，基于血缘亲情联系的关系借贷依旧普遍，联产承包责任制等个体经济是主要经营模式，农户存在明显的产销脱节情况，缺乏市场风险控制能力，农户未来收入现金流稳定性差，偿债能力波动性大。三是农村信贷缺乏合格抵押品，在我国城乡土地产权制度“二元”结构的背景下，农户只享有土地的承租权，作为家庭最重要财产的住房，其土地产权也属于集体，结果是农户拥有的高流动性和可抵押的资产数量偏低，农村信贷机构的债权得不到有效的保护，容易产生法律风险。四是农村传统民间借贷比较普遍，缺乏现代金融意识，部分非银行金融机构存在违规行为。这些因素的存在，使得在20世纪90年代末，政府加大对农村非银行金融机构的整治力度，虽然在一定程度上控制了农村金融风险，但也导致了制约农村金融发展的一些深层次问题长期积聚，农村金融市场在低效率状态下发展缓慢。

其次，农村金融监管方式与农村金融运行存在不协调问题。我国目前对农村金融实施的是合规性监管。银行监管部门主要通过行政手段监管各农村金融机构执行国家相关法规、制度或者规章的情况，进而实现规范金融机构经营行为、维护金融市场正常秩序的目标。然而，我国现行的合规性金融监管的制度模式是在城市金融监管实践中形成与发展起来的。因此，无论是各类法规制度的健全程度还是外部经济社会发展水平，城乡之间合规性金融监管制度实施的基础存在很大的差异，尤其是随着农村金融市场准入门槛的降低，多种形式的新型农村金融机构大量涌现，但相关法规之间的协调性并没有得到及时的调整，对合规性监管的有效性带来了影响。此外，合规性监管更多的是强调国家法规的严肃性，实际上是一种静态的监管方式，不能有效追踪金融机构在实际运行中可能出现的动态风险，难以适应当前农村金融监管的需要。

最后，立足于农村实际的相关金融监管法规体系亟待完善。长期以来，我国农村金融立法严重滞后，相关的法律规范仅分散于不同法律规章制度之中。作为农村金融市场重要组成部分的新型农村金融机构，由于尚处于发展的初级阶段，在相关法律法规建设方面，位阶较低、内容简单、原则性强和可操作性差等问题表现得更加显著，无论是监管部门还是相关农村金融机构，都难以获得法规必要的支持。因此，必须根据农村经济发展的客观实际及时和动态地调整农村金融监管，只有这样才能最大限度地改善农村金融机构监管效率。

5. 农村金融“二次改革”现象普遍存在，增大改革成本

在我国农村金融机构组织制度改革过程中，存在着农村合作银行和农村商业银行并存的情况。在政策规范上，设立农村商业银行和农村合作银行存在着一定的区别，但从根本上讲，农村合作银行与农村商业银行本质性的区别在于机构资产的质量。从理论上讲，合作银行与商业银行是两种不同的产权制度模式，前者属于合作金融范畴，而后者属于商业金融范畴。在合作银行设置之初，规定合作银行的股权结构是资格股与投资股并存，两种股份分别有着不同的权益。这种混乱的股权设置非但没有达到改善农村金融服务效果的初衷，反而使这些机构不得不进行二次改革，无形中增加了机构的改革成本，同时也为一些有志于向上市公司转型的金融机构埋下无谓的法律纠纷的伏笔。

4.5 农村资金严重流失，大量资金流向城市和非农产业

改革开放以来，中国农村资金通过金融渠道继续大量流出，并且随着经济的发展外流的数量越来越大。这造成了中国农村金融发展没有成为促进农民收入增长的重要因素，却成为

促进城市居民收入水平提高的重要因素。以农村中的信用合作社、农业银行和邮政储蓄银行为例，三者都出于商业化的考虑，将农村中的信贷资金投向城市，造成了农村信贷资金的大量外流。农民贷款难已经成为广大农村的普遍现象，以湖北省为例，2011 年湖北省的县域存贷比为 40.2%，最低的甚至仅为 11.3%，也就是说，在农村地区，只有四成甚至一成左右的当地存款转化为贷款服务于当地的经济社会发展，而其余的绝大部分资金没有留在农村。农村金融资金的大量外流产生了严重的负面影响，致使农村金融资金要素日益稀缺，制约了农村经济的发展，不利于农村金融发展和农村金融制度的创新，更不利于农业现代化的进行。

4.6 农村正规金融制度、非正规金融制度缺陷的影响

由于我国农村正规金融制度存在着产权制度方面的缺陷，对农村金融发展带来了严重的影响，造成农村金融组织运行效率低下，农村金融市场不发达，农村企业无法通过股票债券筹措资金，农民个人也没有更多的投资渠道；资金价格非市场化，虽然农村信用社的贷款利率可浮动，但必须在为“三农”服务的大政策指导下“浮动”，真正的市场利率尚未形成；低效、无效融资较多，储蓄—投资转化过程不畅，乡镇企业和农民贷款难的现象很普遍，农村资金非农化现象严重，部分农村金融机构存在数量巨大的闲置资金。

农村金融组织适应性较差，表现为农村金融结构与农村经济结构不协调。当前农村经济已不是单一的第一产业，第二、三产业均有较大发展，同时，随着乡镇企业的快速发展，私营经济和股份经济成分也大幅增加，农村经济结构的调整不仅对融资提出了新的要求，而且在其他金融业务上也有新的要求。但是农村金融结构的调整却没有跟上，一方面在贷款投向上，无论是在产业结构方面，还是在所有制结构方面，贷款期限、利率、方式等均不适应优化了的农村经济。另一方面，以农信社为主体的农村金融机构不能提供多样化金融产品和金融业务服务，如保险、咨询、代理、结算等金融服务。

政府对农村金融组织的管理混乱，政银不分。政府在农信社管理中仍居主导地位，而且农信社的“婆婆”越来越多，目前要同时接受人民银行、地方政府、省农信社协会、县农信联社的领导。政府对银行等金融机构的人事、财务、业务等方面仍有许多行政干预，地方政府干预贷款的现象也屡见不鲜。

同时，政府对非正规金融组织过度管制，使其无法正常发展。由于国家对农村金融市场准入的严格控制，农村金融体系中那些非政府力量建立起来的金融机构只能位居非正规金融之列，随时成为国家金融监管整合的对象。实际上，如果没有政府将非正规金融视为非法，采取围追堵截和取缔的行为，非正规金融业是可以向外扩展的。政府将非正规金融视为非法，不允许其正常存在，这大大限制了非正规金融生存和发展的空间，并导致非正规金融走向两种归宿：一种是消亡，另一种是地下经济化。一些地方私人钱庄、高利贷的存在，实际上就是由各地企业和家庭的金融服务需求所驱动的非正规金融活动地下化的产物。政府管制的结果，一方面扭曲了市场供求关系，加剧了供给短缺；另一方面导致供给的高价。由此导致的现象是：管制越严，地下金融就越活跃，农村金融市场的秩序就越混乱。

农村非正规金融组织和民间借贷活动是由于正规金融制度的信贷供给不能满足农村经济发展的需求而产生的。非正规金融组织（半公开状态的以农村基金会为代表）由于一开始就不具备法律地位，加上管理不够规范和发展过快，出现了一些问题。处于地下活动状态的其他民间金融（包括私人钱庄、高利贷等），在改革开放后的一些农村地区发展得十分迅速，由于缺乏必要的规范和管理制度，因而存在较大的风险隐患。

农村民间借贷在活跃农村金融市场、扩大农户生产经营资金来源、促进农村个体私营经济发展等方面起到了积极的作用，但也引发了一些问题：一是民间借贷风险大，容易引发债务纠纷。由于民间借贷是一种自发的、盲目的、分散的信用活动，缺乏必要的管理和适用的法律法规支持，而且多属私人交易行为。民间借贷具有为追求高盈利而冒险或投机的一面，一旦发生欠债不还，有的会通过暴力威胁甚至一些带有黑社会性质的追债公司收回借款，扰乱金融秩序和危害社会稳定。二是正规金融机构利率由国家确定，而民间借贷利率是借贷双方根据资金的市场供求关系自发制定的，利率水平通常远比银行同期利率高，这加重了个人和企业负担，还影响到国家利率政策的全面贯彻实施。此外，民间金融组织良莠不齐，有些具有良好的信誉和运行机制，有些则非法集资，时有经营者卷钱潜逃，以及经济纠纷和金融诈骗的事件发生，严重扰乱了金融秩序，影响了金融稳定，增加了农村社会的不稳定因素。

5 农村金融发展与制度创新的国际比较

他山之石，可以攻玉。我国实行的是史无前例的社会主义市场经济模式，综合国外典型国家农村金融制度创新的经验教训，对完善我国市场经济体制下的农村金融制度有着重要的参考价值。虽然世界各国经济发展水平千差万别，但都不同程度地运用相应的金融手段，支持和保护本国农村与农业经济的发展，在实践中逐渐形成了各具特色的农村金融制度。

5.1 国外农村金融制度的主要模式

不同国家处于各异的经济发展阶段，决定了相应的农村金融制度模式选择和机构体系设计，虽然各国间有一定的相似性，但特色依旧比较突出。综合比较不同国家的农村金融制度设计，可以概括划分为三种类型，即多层次复合型金融、合作性金融主导型和商业性金融主导型等不同的制度选择。

1. 多层次复合型金融

农村金融机构多层次性和多样性是这种制度类型最显著的特征，不仅有专门面向农村、农业和农户的农村金融机构，而且其他金融机构也都不同程度地参与到农村金融市场的运行当中，这种多层次、广覆盖的金融机构，针对不同客户的不同需求，提供中、短、长期的信贷服务和其他金融服务。如果从金融机构的产权属性看，这种类型的金融制度中涉农的金融机构在产权或组织形式上也呈现出典型的多层次性特点，表现为传统的合作金融机构、商业性金融机构以及政策性金融机构同台竞技；在业务内容方面，不仅有传统的存贷汇等银行业务，也有较为完备的保险等支持业务。在大多数的工业化国家，农村金融制度都体现出不同程度的多层次复合型综合金融的特征。

在执行多层次复合型农村金融制度的国家，经济社会的结构比较复杂，农业生产方式的多样性对资金需求也各不相同，相应地需要不同类型的金融机构来提供不同的金融业务。众所周知，由于农业产品价格的波动性和低廉性，农业贷款的收益相对较低，但风险偏高。商业性金融机构出于营利性经营原则的要求，一般不能或不愿向农业提供充裕的资金，需要政府提供补贴或通过政策性金融机构直接提供资金，由此就形成了农村金融活动中政策性金融与商业性金融并存的格局。由于不同国家在经济发展水平和历史文化传统方面存在显著的差别，多层次复合型农村金融在不同国家的具体实施也存在明显差别。以美国为例，该国的农业生产技术含量较高、农场等规模经营使得农业生产的收益一般也较高，但仍需要大量外部资金的支持。所以，在美国，向农村提供资金支持的机构类型比较多，它们之间既相互竞争，又相互补充。印度虽然属于发展中国家，其经济发展和农业生产相对落后，但经过多年的改革和政府的重视，也逐步建立起一套较完备的农村金融体系，在一定程度上缓解了农业发展资金紧张的问题。

2. 合作性金融主导型

在绝大多数发展中国家，合作性金融是农村金融体系最重要的组成部分，承担着支持农村发展的重要职责。合作性金融制度最早创立于德国，而后逐步扩展至欧美、亚洲的很多国家。农村合作性金融与其他金融组织形式存在着本质的区别，一是合作社是社员共同组成的合作互助组织，与社员之间形成的是一种互助服务关系，而不是单纯的投资收益分配关系，合作社因此开展业务的目的也不是为了经济利益的最大化，而是满足社员在生产、生活等方面的资金需求。二是合作社既不属于福利组织，也不属于纯粹的商业性机构，合作社向社员提供的贷款也要求按照规定期限归还本息，在合作社的管理上实行“一人一票”的投票制度。为此，合作社属于群众性合作互助组织，代表社员的利益，是在经济相对不发达的农村地区汇集资金、实现互助的有效手段。以日本为例，日本的合作金融被称为农协系统，先是由国家提供部分资助，然后农协系统自我发展。日本农村资金需求的大部分甚至全部都是由各家农村合作金融机构提供的，这是因为“二战”结束后，日本的城市经济发展迅猛，但农村仍沿循传统的分散经营的小农经济模式，经营中面临的资金短缺问题并不能得到来自商业性金融机构的支持。为此，日本政府鼓励发展农户间相互调剂的合作金融体系，并成为日本农村金融制度的主体。在日本，合作金融组织具有较大的独立性，政府对合作金融实施不干预的“独立性”政策。

3. 商业性金融主导型

城市经济运行中商业性金融机构居于主体地位，并且国际上农村金融体制改革的目标之一就是农村金融的商业化，不仅农村银行实行商业化运作，一些专门针对农户和小微企业开发的小额信贷等业务，也都遵循商业化原则，以期实现可持续发展。在很多国家，农村金融服务提供执行商业性金融主导模式，在这种模式下，农村信贷资金主要由商业性金融机构提供。以巴西为例，巴西银行不仅是巴西最大的商业银行，同时也是农村信贷资金的最主要提供者。巴西银行通过接受政府的预算补贴，执行农产品最低保证价格政策，以正常的利率水平发放农业贷款。在一些西方国家，各商业银行为了扩大业务范围和提高市场影响力，除提供传统的工商业贷款外，也积极开展短期涉农贷款业务。在一些发展中国家，政府也会要求商业银行向农户提供贷款，扩大农村资金供给能力。在实行商业性金融主导型的国家，农业比较发达，商业银行通常拥有雄厚的资金实力，其经营网点遍布城乡，能够为农村经济提供更多的金融支持，即便如此，政府一般也会通过向商业银行提供财政补贴来降低金融机构风险，同时保证对农业的贷款是优惠低息的。

5.2 发达国家农村金融发展与制度创新

发达国家的农村金融制度随着外部环境的变化历经多次变迁，才形成目前较为完善的体系，在支持本国农村基础设施建设、发展农业经济、增加农户收入等方面，发挥了重大的作用。如果从经济发展的一般规律性视角出发，发达国家农村金融制度变迁的经验教训对我国社会主义市场经济背景下的农村金融制度的创新具有十分重要的借鉴意义。因此，我们以部分发达国家为例，分析它们的农村金融制度的发展情况，归纳总结市场经济条件下农村金融制度创新与发展的经验。

1. 发达国家的商业性农村金融制度

总体来看，发达国家的农村金融市场普遍表现为市场化程度比较高、农村金融市场各项机制比较完善等特点。在政府保护和补贴政策的扶持下，农村金融机构的各种金融工具运用比较灵活，收益也相对稳定。因此，在发达国家，商业性农村金融机构更积极地参与到农村和农业发展过程中。以美国为例，非常发达的农业经济和大农场的方式，使美国农业承受市场风险能力比较强，贷款风险相对较低，各大商业银行都主动开展农业贷款业务，提供的贷款业务品种较为齐全，尤其是在短期贷款方面有更大的优势。有资料显示，美国最大的 20 家商业银行中就有 15 家涉足农业信贷业务。[①] 而对于那些总部设在

① 王铁民，赵富洲，周建强，胡世才. 对美国农村金融的考察与思考. 农业发展与金融，2009（5）：63.

城镇的社区型小规模商业银行，农业贷款更会占到其贷款总额的一半以上。作为世界上农村金融制度确立并发挥功效较早的国家，法国通过国家控制的金融机构向农户提供贷款，其农村金融制度中商业性农村金融发挥着重要作用，包括法国农业信贷银行、互助信贷联合银行、大众银行、法国土地信贷银行等在内，都是在政府主导下创建和运营的，金融机构开展业务也要受到政府的管理和控制。尽管如此，这些金融机构也都是遵从商业化运行原则开展业务，更加强调资金运用的成本和收益关系的。

在以商业性农村金融为主导的美国，不仅有各类商业银行，包括一些保险公司也积极从事农业、农场及土地等按揭贷款业务。美国的商业性农村金融完全遵循市场化运作规则，在农场主等客户向贷款机构提出贷款申请后，贷款机构在规定时间会派人对申请人的经济状况、抵押品、信用情况等进行审查评估，向贷款机构作出是否应该提供贷款的报告。虽然美国商业性农村金融机构按照市场化规则开展信贷业务，但并没有完全抛弃农村市场，而是利用商业性金融在管理和风险控制等方面的优势，向具备相应资质的需求主体提供资金支持，这在很大程度上满足了美国农村和农业发展的资金需求。① 通常情况下，商业性金融提供的主要是中短期生产性贷款，并且在提供贷款之后还会向客户提供有关的信息咨询服务。

2. 发达国家的合作性金融

虽然商业性农村金融在整个农村金融制度中占据主导地

① 胡睿. 国外农村金融体系对我国农村金融改革的启示. 改革与开放，2008（3）.

位，但在西方发达国家的农村经济发展过程中，合作金融还是发挥了至关重要的作用，并且依旧表现出旺盛的生命力。当然，由于各国农村合作金融的起源和成长相关的具体经济环境还有历史传统的不同，其具体发展模式也各有千秋。

美国的农村合作金融体系主要包括联邦土地银行系统、联邦土地银行合作社、联邦中期信用银行系统等三个相互独立的系统，它们是美国农村金融体系的重要组成部分。这三大系统最初都是由政府出资组建而成的，是一种松散型的联合体制度。随着政府资金的逐步退出，逐步实现民营化和自负盈亏，成为真正意义上的农场主之间的合作金融组织。这三大合作金融组织与另外两家由美国农业信用管理局领导的私营农村商业信贷银行和国家农业信贷银行共同构成了美国农村金融的支持体系。

联邦土地银行系统由联邦土地银行以及下属的联邦土地银行合作社组成。联邦土地银行是根据《联邦农业信贷法案》将全美划分为 12 个农业信用区后分别设立的专门金融机构，从事长期贷款业务。联邦土地银行实行股权所有制，股权的所有者是全体合作社，在特定条件下也可以间接地归全体借款人组成的，联邦土地银行由所在信用区的农业信用管理局负责日常管理，贷款支持的对象主要是本地区的农场主，贷款期限法定为 5 ~ 40 年，大多为 5 ~ 35 年。

联邦土地银行合作社是由愿意向联邦土地银行借贷的借款人组成的，主要是农场主。因此，凡是向联邦土地银行借款的农场主，都必须向联邦土地银行合作社认购相当于借款额 5% 的股金，并成为合作社的社员，按照合作组织运作规则享有权利。贷款全部偿还后，社员自行决定是否退回股金。合作社接到借款人的贷款申请后，先对贷款申请进行审查，将合格申请报至联邦土地银行，由联邦土地银行负责发放贷款，合作社不直接进行贷款的发放。

联邦中期信用银行系统由美国 12 家联邦中期信用银行及其下属的生产信用合作社组成。1923 年，美国政府为了解决农业生产中的资金缺口，在 12 个信用区分别设立了联邦中期信用银行，专门向农民及其所属农业生产信用合作社发放中短期贷款。联邦中期信用银行不直接向农场主发放贷款，也不经营一般的银行业务，而是通过执行间接贷款者职能来解决农民中短期资金的需求：一是为所属生产信贷协会或者其他金融机构持有的农业中短期票据提供贴现业务；二是向其他金融机构提供贷款支持，由它们转贷给农业借款人；三是参与其他金融机构农业贷款发放。美合作银行系统是美国设立的专门为农村生产合作社提供信贷服务的合作金融机构，其主要提供经营贷款、设备抵押贷款和商品贷款，还向农业合作社农产品的出口提供国际银行业务。

法国的农村合作金融由三个不同的层次组成，第一层次是地方农业信贷互助银行，也叫作农业信贷合作社，是法国最基层的民间合作金融组织；第二层次是省级农业信贷互助银行，由若干个地方农业信贷互助银行共同组成；第三层次是全国性的合作金融机构——法国农业信贷互助银行总行。① 农业信贷

① 佚名．国外农村合作金融的主要模式与发展变化．中国财经报，2008－09－18.

互助银行总行的资本金由政府财政拨款，省和地方农业信贷互助银行的资本金是社员自愿投入的，社员除了农民以外，还有小工厂主及雇员。法国的公司分为贸易公司和民用公司，地方合作银行被认为是民用公司，而民用公司的成立手续很简单，制定一个章程是唯一要求的法律手续。章程基本条款包括行址、营业项目、社会资本的组成、管辖区划、管理方式、会员的责任等。①

日本的农村信用合作体系比较发达，同时也是世界上公认的成功的合作金融典范。在日本，农林渔系统的信用合作组织叫农林中央金库，是农村合作经济组织的一个子系统，于1923年按照《农林中央金库法》由日本农协、渔协、林协和联合会等组织投资兴办，定名为“农林中央金库”，有三个基本组成部分，即农业协同组合、信用农业协同组合联合会和农林中央金库。《农业协同组合法》规定，农协系统是按照农民自愿和自主原则组建的合作社组织，宗旨是为社员服务，不以营利为目的，设有信联（信用社）、经济（供销合作社）和共济（保险）等合作组织，是集生产、供销和融资保险等为一体的合作经济组织。农协根据经营范围不同，分为经营信用业务和不经营信用业务两种类型，不经营信用业务的农协不属于金融机构。一般情况下，最基层的组织是市町村一级的农协，由它们直接向农户提供信贷支持并且具有非营利性特点，主要向农户提供存款、贷款和结算性贷款等服务，同时兼营部分保

① ［法］马居歇等. 法国农业信贷银行. 端木华译. 北京：农业出版社，1988.

险、供销等业务。中间层次是都道府县一级的信用农业协同组合联合会（信农联），主要为基层农协的资金管理提供帮助，并且组织县级范围的农业资金结算、调剂和运用。最高层级的机构是农林中央金库，属于中央一级，是各级农协内部以及农协组织与其他金融机构融通资金的主要渠道，在全国范围内负责资金的融通、调剂、清算等。同时，它还承担指导信农联的职能，为信农联提供顾问咨询等服务。

3. 发达国家的政策性金融

农业作为基础性和弱质产业，其自身运行存在很多不利因素，即便是在工业化程度较高的国家，农业现代化也需要获得足够的资金支持。因此，各国一般都有政府直接控制的政策性金融机构，为商业性金融机构等起一定的引导和表率作用。

美国的政策性农村金融体系主要从事向农业以及其他与农业相关的信贷业务，并由此调整农业生产的规模和方向，帮助实施政府农业产业政策。美国的政策性农村金融机构也是由政府创办，主要包括农民家计局、商品信贷公司、小企业管理局和农村电气化管理局几部分。这些金融机构都属于非营利性组织，运作的资金全部由政府投入，主要从事商业银行和其他金融机构不愿提供的贷款。设立于1935年的农民家计局（当时名为农业重振管理局），主要是向无法从其他金融机构获得贷款的农民提供直接的贷款支持或者提供间接担保。为此，农民家计局的贷款业务由直接贷款计划和紧急贷款计划组成。商品信贷公司主要从事价格和收入支持计划管理，采取价格支持、调节农业生产和扩大需求等方法来稳定农户收入，维护消费者利益，它们主要提供农业生产、农产品价格差价和灾害损失贷款或者支持补贴，包括农产品抵押贷款、灾害补贴、差价补贴，除此之外还提供仓储、干燥和其他设备贷款。小企业管理局的主要职能是为那些无法从其他金融机构或渠道获得资金的小企业，通过直接贷款、联合贷款或者提供间接贷款担保等方式给予帮助。农村电气化管理局主要负责向非营利性电业合作社及农场等提供用于农村电网改建、设备购买等用途给予贷款支持或担保。

法国政府也非常重视农村金融发展，是世界上设立农村金融体系的国家之一。为向农业发展提供充足的资金支持，19世纪中后期，法国颁布了一系列法令，即开始着手建立农村金融机构，建立了一批小规模的农业信贷互助地方银行。为更好地满足农户的资金需求，法国开始设立作为基层地方银行联合组织的农业信贷地区银行，提高它们长期资金的融通能力。经过一个多世纪的完善，在1920年，法国政府依法设立了国家农业信贷管理局，主要负责地方银行和地区银行的管理，6年后该机构被改建为法国国家农业信贷金库（也有人称之为银行）。农业信贷银行的组织结构呈金字塔形，并将其他合作性质的金融机构，比如地区农业信贷互助银行、地方农业信贷互助银行等分别改组为省级机关和基层信贷组织，形成全国性的农村金融体系①。法国的国家农业信贷金库属于官方机构，承担着政府和农业互助信贷组织的桥梁联系职能，接受农业部和财政经济部的双重管理。法国农业信贷银行最初的运营资金来

① 成思危. 改革与发展：推进中国的农村金融. 北京：经济科学出版社，2005.

自法兰西银行的贷款，随着自身吸收存款和发行债券筹集到的资金规模越来越大，如今已经超过本身发放贷款的需要。

虽然日本是一个经济发达的工业国家，但是其农业同样也是弱质产业，金融机构向农户提供的贷款也面临较高的风险，很多商业化运作的金融机构不愿意参与到农业金融中来。为此，日本组建了政府全资持有的政策性农村金融机构，即农林渔业金融公库，它是日本唯一提供从农林渔业到农产品深加工整个流程贷款业务的政策性金融机构，主要向从事农林渔业、农产品加工、流通的农户或企业提供贷款，尤其是那些其他商业性机构不愿意或不能提供贷款的农户或小企业，在农村金融市场运行过程中扮演“最后贷款人”的重要角色。农林渔业金融公库的资金主要来自三个方面，一是预算资金，二是向特殊金融机构拆借的资金，三是回收贷款等自有资金。2003 年以后，该公库开始利用债券融资。所提供的贷款一是用于土地改良、建设渔港等农村基础设施建设以及农业生产技术改造等农业现代化贷款利息补贴等。公库并不直接办理短期和无息的贷款，而是委托给农协组织，并支付一定的委托费用。2008 年，农林渔业金融公库与其他机构合并为日本政策金融公库，在新组建的政策性公库中作为独立的事业部，继续承担农林渔业的政策性金融服务。

4. 发达国家的农业保险

为应对自然灾害等给农业生产造成的巨大损失，美国、日本、法国等发达国家在农业保险方面取得了丰富经验，形成了较为完备的农业保险体系。

美国的农业保险制度的历史比较悠久，可以追溯至 1938

年的《联邦农作物保险法》。美国的农业保险创立之初是由政府设立专门农业保险机构直接办理相关业务的，后来为了提高保险业务的运营效率，开始引入商业保险公司参与农业保险，到最后完全将农业保险交由商业保险公司运营。美国的农业保险主要分为三个层次，一是联邦层面的农作物保险公司（风险管理局），主要承担全美险种管理、风险控制以及向商业保险公司提供再保险等业务；二是具备农业保险经营资质的商业保险公司，它们与联邦农作物保险公司（风险管理局）签订业务协议，执行联邦的专门管理规定；三是保险代理机构和定损机构，美国的农业保险大多通过保险代理公司完成销售，同时，这些代理公司也承担具体的业务运作。①

与农村金融发展较早相对应，法国的农业保险制度创立也较早，自第一家专门从事农业保险业务的地方互助保险公司成立以来，法国的农业保险已经走过了一个半多世纪。在法国农业保险制度的发展过程中，政府也发挥了重要的推动作用。一是保费负担的政府分担性。法国的农业保险实行低保费高补贴政策，农民只需要缴纳核定保费的一定比例，剩余部分由政府支付。二是政府建立政策性农业保险公司，将非营利性或体现公益性的农业保险从商业保险业务中分离出来，政府承担这类保险机构的运营经费，基金运行产生的赤字也由政府补贴。三是组建政府控股、社会资本参与的股份制农业互助保险集团，同时组建互助共济的民间农业保险合作组织。四是完善立法，颁布《农业保险法》规范和保护农业保险，对主要农作物和

① 张扬. 美国农村金融体系构建的经验及启示. 世界农业，2008 (3).

主要养殖物实施强制保险。五是政府主导开展农业保险的相关研究，为各家保险经办机构提供智力支持①。

日本的农业保险体系主要包括农业信用保证制度、农业灾害补偿保险、信用保险和存款保险四个部分。其中农业信用保证制度是保险体系中综合性最强、规模最大的组成部分。日本的农业保险采用“三级”共济制度设计，农业保险组织体系包括市町村一级的基础农业共济组合、都道府县一级的农业共济组合联合会、政府领导的农业保险协会三级政府以及民间团体组织。因为农业保险制度由政府主导建立，所以政府出资占比在两成左右，其余由其他金融组织补充，如果遇到特大灾害，政府承担的比例还会提高。日本农业保险强制性与自愿性相结合，凡关系国计民生和对农民收入有重大影响的农作物和畜禽实行强制保险，并且生产规模达到一定标准的农民或农场必须参加保险。农业灾害保险则是农户因自然灾害导致的损失可以得到政府提供的部分财政补贴。信用保险和存款保险主要是要求金融机构参加的，保证其支付能力的强制性保险。

5. 发达国家的农村金融监管制度

美国政府在农村金融市场是以积极参与者的身份出现的，不仅向众多金融机构提供直接或间接的支持，同时对农村金融机构的设立也采取特许主义原则，这实际上执行的是一种金融约束的政策。也就是说，通过特许制控制农村金融机构的供给数量，使金融机构能够获得一定的垄断租金，同时提高金融机

---

① 黄建新. 反贫困与农村金融制度安排. 北京：中国财政经济出版社，2008.

构的违约和败德成本，使它们有内在的冲动增强对农业的资金支持力度，同时又能够很好地控制风险。为增强农村金融运行的依法管理，美国建立了较为完备的法规体系，包括《联邦农业信贷法案》、《中间信贷法》等。[①] 为了保障农村金融运行的稳健，美国实施了综合性的监管措施。以农村信用合作组织为例，为实现农村合作组织的健康和可持续发展，美国金融监管部门采取有别于普通商业性金融机构的监管模式，设立了专门的农业信用合作管理体系，将独立的政府金融监管、行业自律、资金融通清算和互保等有机地整合在一起。[②] 这些监管机构虽然是各自独立且职能各异的，但它们的工作目标是一致的，只要协调好各自关系，形成有序高效的协调机制，就可以最大限度地提高监管效率。

日本的农林金库是其农协系统的最高机构，按照特许原则设立。基层农协组织则是按照核准原则组建的，基层农协设立时要经农业行政主管部门批准，日本各级政府农林水产部门中的农协科负责对农协组织的行政管理和指导。[③]

5.3 发达国家农村金融的主要特点

从市场经济较为发达的美国、法国、日本等国家看，其社会虽然早已经进入了后工业社会，农业在国民经济发展中的比重不是很大，但是国家仍然非常重视各国农业的发展，这些国

① 张贵乐. 合作金融论. 大连：东北财经大学出版社，2001.

② 王双正. 中国农村金融发展研究. 北京：中国市场出版社，2008.

③ 丰生. 日本农业的发展和农业协同组合制度. 农业发展论丛，1995（2）.

家的农村金融主要有以下特点：一是发达国家农村金融机构的功能比较完善。像美国、日本等国家农村金融机构的功能比较完善，它们不仅具有融资、弥补、扶持和倡导的功能，而且还具有服务功能，除了提供贷款外，还提供一些技术和信息服务，确保发放贷款的适用效益和效率。二是发达国家农村金融组织机构遍布全国。发达国家农村金融机构的分支一般遍布全国各个地区，这些金融机构除了提供直接贷款外，还从事其他金融服务。三是农村金融机构有多渠道的资金来源。发达国家农村金融机构和组织的资金来源主要有介入政府资金、发行金融债券、介入其他金融机构资金、吸收存款和国外借款等。四是发达国家的政策性金融主要支持农业生产结构调整和较难获得商业性贷款的农民及农村的中小企业。比如美国的农村政策性金融体系，通过特定的金融干预措施，强调对小企业、小农场和弱势经济农户的保护支持，从而维护自由竞争的制度。德国政府设立了一系列政策性金融机构来保护和扶持农业，如德意志垦殖银行、土地改良银行和农业地租银行，这些机构均由政府控制，主要负责承担政府扶助农业发展的责任。发达国家的国家农业银行都不以营利为目的，主要是为了支持农业的发展和扶持农民。五是发达国家农村金融支持的对象随着农业生产经营活动的情况变化进行适当调整。美国的农民家计局成立之初是为了应付农业危机，帮助创业的农民以及低收入农民家庭建立农场维持家计等融通资金，农民家计解决后立刻转入到支持农业生产，促进农村开发中来。又如日本农林渔业金融公库信贷资金支持的对象根据农产品市场的变化而变化，从20世纪60年代以前支持粮食生产，到70年代支持水果和蔬菜畜产品等多种经营，再到 90 年代强化农业经营基础资金，支持核心农业发展。六是发达国家农村金融在实现政府特定的目标的同时也强调取得好的经营业绩。发达国家虽然投入巨额资金来支持农业，特别是政策性农村金融更不以营利为目的，但同时也要求农村的金融机构必须切实提高经营管理水平，在实现农业扶持目标的同时实现保本微利的目标，减轻政府的财政负担，并特别强调农村金融机构治理结构的内部微观运行管理的规范。从运行结果来看，美国三大农村金融机构都取得了较好的营业效益。

6 中国农村金融制度创新策略

农村金融体制改革是一项涉及广泛的系统工程，需要进行深入的研究，从多方面加以推进。深化农村信用社改革，把农村信用社办成产权清晰、管理科学、约束机制强、财务上可持续发展、坚持商业性原则、为“三农”服务的金融机构。完善和发展农村政策性金融服务，明确中国农业发展银行作为国家政策性银行的职能定位，形成农村政策性金融与商业性金融分工明确、各负其责、共同支持农村经济发展的格局。发展农业保险、大宗农产品期货等，分散农村信贷风险。探索建立农村存款保险机制，保障农户存款与农村金融机构的可持续发展。逐步放开县及县以下贷款利率，确保农村金融机构的利差能抵补成本和风险。正确认识民间借贷的作用，规范和引导民间借贷。积极探索新的农村金融组织形式和金融产品等。

6.1 推进农村金融组织产权制度创新、完善治理结构

长期以来，农村信用社的产权在表面上是明确的，但法人产权是一个模糊的概念。农村信用社作为金融企业，究竟谁是所有者不明确，所有者和经营者的关系不明确，出了问题究竟由谁来承担经营管理的责任不明，从而使得农村信用社管理体制改革、金融风险化解、经营管理改善以及相应扶持政策等缺乏坚实的制度基础。

在对农信社进行产权界定的过程中，要采取区别对待的方式。对于盈利社要按股本量化到社员名下，无论是法人团体股还是个人社员股。对于贡献较大的农信社经营管理者，可给予一定的奖励，并折股量化到个人名下，不留企业法人股，以免留有后续问题。对于亏损社，也应搞好产权界定，按股本多少承担风险。对于因自身经营不善造成的亏损，由农信社通过完善经营管理解决；对于因国家政策造成的亏损，应采取挂账方式或减免方式予以解决。

此外，建立规范的相互制衡的法人治理结构。要想使农信社健康发展，应按产权制度的要求，建立真正的法人治理结构，形成相互制衡的关系。关键在于必须严格按照程序进行：社员大会选举理事会成员和监事会成员，理事会聘主任。社员大会是最高权力机构，理事会是决策机构，主任是执行者，监事会监督理事会和主任的工作，各权力层次独立行使职权，各负其责，无论是社员大会、理事会还是监事会都不能干预主任

的日常工作。需要特别强调的是，各级地方政府要像对待一般企业一样对待农信社，让其拥有充分的自主权，不得任意干预其活动。人民银行作为业务监管部门不能越位，监管不是分管，也不是主管，不应干预农信社的日常工作。

从我国的现实出发，农业银行和农发行产权制度需要从两个方面进行改革，即产权制度的改革和内部管理体制改革。产权制度改革的核心问题是把所有权和经营权分开，分开的重要意义在于：要由所有者去约束经营者，让经营者维护所有者利益，并防范经营者发生损害所有者利益的行为。因此，要解决好三个问题：第一，要落实谁是所有者，让所有者到位，不能让所有者虚置。第二，明确委托代理关系，也就是权责明确，使所有者能正确评价经营者的业绩并给予相应报偿，经营者能真正自主经营，自担风险，自负盈亏。政企分开的实质意义，也是为了排除在这方面的干扰。第三，建立健全内部管理制度，也就是管理科学。管理科学的核心是建立各种约束机制和激励机制，其中特别是要防止企业所有者对企业经营者的权力失控的局面出现。内部人控制意味着经营者的权力在企业内缺乏约束，可任意支配企业财产，这是与现代企业制度不相容的。现代企业制度不同于传统企业制度的标志之一就在于企业不仅要受到政府的法律约束，而且要受到出资人（即所有者）、中介组织、社会公众、新闻媒介的监督。要把经营性金融机构建立为现代企业制度，走“公司制”的道路，既可采取股份公司的形式，也可采取独资、合资等有限责任公司的形式。但无论采取哪种方式，都要权、责、利明确，在机制上相互制衡。

6.2 健全和完善农村金融体系

重构农村金融体系，应遵循“有利于金融资源优先配置农村、有利于促进金融机构的公平竞争、有利于提高农村金融资源配置效率、有利于促进金融安全的稳健运行”四条原则。重构后的农村金融组织体系，应该是政策性金融、商业性金融、合作性金融和民营企业等多种形式的金融机构并存、合理分工、功能互补、有序竞争的多层次体系。

1. 商业性金融机构要适时调整经营思路，积极开发农村市场

中国的农村市场是尚在沉睡的即将醒来的大有潜力的市场，因此，在农村设有银行业机构网点的，应将吸收的农村地区存款的一定比例用于农村；国家要运用政策引导商业性金融支持服务“三农”。其中，农业银行要按照市场化原则，支持农村中竞争性强的企业的建设和发展，更多关注和支持农产品产业带、主导产业生产基地、农产品专业市场建设的有效需求，提高对重点龙头企业的综合服务水平，支持外贸和新兴产业中的农村商业企业。农村合作金融机构要将商业化经营与服务“三农”有机结合起来，把准市场定位，大力推广农户小额信用贷款和联保贷款，努力搞好、搞活小企业融资，创新服务手段和业务品种，加强与政策性银行的合作，不断拓展业务空间。

发挥商业银行的金融支持作用，将农业银行定位于服务农业的专业银行。一是分拆机制，形成集团控股模式，巩固和稳

定县域农业银行分支机构，以资本为纽带发挥系统优势，给予县级金融机构更大的自主权，扩大基层机构的信贷权限，增强其融资功能。二是以立法形式，明确要求其在农村吸收资金的60%用于发放农业贷款。三是充分考虑不同地区间的差异性，制定更加符合基层实际的信贷管理方案和信贷政策。四是按照城乡统筹发展的要求，在防范风险的前提下，重点支持农业经济组织、龙头企业和农业产业化经营等新型发展模式，逐步提高涉农贷款的总量和占比。

2. 推动农业发展银行在承担政策性金融业务的基础上拓展开发性金融业务

农村公共产品的有效供给是建设社会主义新农村的重要内容。在国家财政投入有限的前提下，迫切需要政策性金融机构在控制风险的同时，加快制度创新。首先，引入市场化管理方式和手段，尤其是要引入严格的授信授权机制、信贷责任机制、成本效益机制。其次，要扩大农发行的业务经营范围，允许其发放农业产业化贷款、城乡基础设施建设贷款、县域城市化中的项目贷款，承接目前由农行发放的扶贫开发贷款，承办县域地区的市场债券代理、兑付、向县域金融机构批发资金。再次，扩大农发行融资渠道，可以发行金融债券、大额可转让存单、大额协议存款，接受协议存款。最后，建立政策性业务风险补偿机制。

健全农业政策性金融分支机构，完善其组织机构体系和功能；深化粮棉企业改革，促进企业转换经营机制。农业发展银行的主要业务是为粮棉企业提供信贷服务，一方面确保保护价粮棉油收购资金的及时供应，另一方面按照“以销定贷、以效定贷”的原则支持企业收购非保护价粮食。粮棉企业改革滞后不仅会制约企业自身的发展，也会影响作为政策性银行的农业发展银行的经营，也不利于农业政策性金融组织在更大的范围内和空间上支持农业和农村经济的发展。改革农业政策性金融组织，从根本上就是要尽快推动和深化粮棉企业改革，促进企业转换经营机制，增强市场竞争能力，成为面向市场的自主经营、自负盈亏的经济实体。

3. 深化农信社改革

通过管理体制和产权制度改革，把信用社逐步办成由农民、农村工商户和各类经济组织入股，并为之服务的社区性地方金融机构，不断壮大农村金融主体。一是完善贷款审批、利率定价、风险防范和内部财务等内控制度，建立动态的激励、约束机制和良性的运作方式。二是建立健全不同产权模式和组织形式下的法人治理结构，理顺理事会、监事会和经营管理层有效管理、相互制衡的运作机制。三是实施有效监管，对出现问题的信用社要启动限制分配分红、差别准备金率、限制或停止部分业务等及时校正机制，防止农村信用社在人民银行票据兑付后走下坡路。四是控制改革后的新风险，建立风险防范长效机制。

4. 建立政策性农业保险机构

由于农业承受自然灾害风险的脆弱性，必须尽快建立政策性的农业保险机构作为商业保险机构的补充。考虑到我国幅员辽阔，可开办覆盖面广泛的农业基本保险业务，同时开办不同费率的专项保险业务作为补充。在国家层次建立农业再保险机构，或者以国家灾害基金形式为各省市的农业保险机构提供特别灾害的再融资。同时，鼓励商业保险公司按照商业原则在农村地区开办商业保险业务，尽可能覆盖灾害风险。作为以上制度安排的补充，应允许生产者建立互助的保险机构，自发地分担灾害风险，财政给予免税负等优惠措施。

6.3 加强农村金融监管制度建设

健全对农村正规金融组织的外部监管制度。中国人民银行有必要健全农村正规金融组织的监管制度，应根据农村金融组织运营的环境和特点，建立一套适合对农村金融组织进行有效监管的指标体系；建立健全金融危机预警系统及其指标体系。根据全面性、灵敏性、代表性等要求，建立中国金融风险预警指标体系，这个指标体系至少应包括以下两个部分：一是反映国内金融组织资产质量、经营稳定性、信贷增长和利率等方面的指标。二是反映外债投向、偿债能力和汇率等方面的指标。同时，加快对农村合作金融和政策性金融的立法，修正《商业银行法》，从法制上完善对农村正规金融组织的监督管理。

健全内部控制制度，充分发挥内部监管的作用。有效的内部控制制度是农村正规金融机构自我管理的强有力保障。建立、健全农村正规金融机构的内部控制制度，主要可从以下几个方面着手：

①建立严密有效的组织机构和稳健的经营方针。

②建立相对独立的业务部门，明确职责分工。业务部门的相对独立能保证各部门的业务独立；明确的职责分工能确保责任落实，从而便于发生问题时能及时地暴露和得到解决，以达

到内部制度所要求的双重控制和交叉检查的效果。

③建立严格的授权和审批制约制度。对各业务部门的业务活动必须有严格的审批、授权制度，对越权、违规行为要进行严厉的处罚，对造成的损失也应追究当事人的责任。实行这一制度的目的是为了增强对具体业务的了解、控制能力，防止系统失控。

④建立独立的会计核算系统。会计部门是内部控制制度中非常重要的一个部门。因为其所搜集掌握的资料都是具体业务活动的反映，同时也是决策的原始依据，因此会计部门能否真实、全面、及时地反馈信息对内部控制成功与否至关重要。

⑤建立科学有效的管理信息。借助于计算机及网络，及时地收集各个部门的信息，借助模型进行科学的分析，为最终的决策提供依据。利用计算机和网络能降低一些人为因素造成决策失误的可能性，以提高决策的准确性和效率。

⑥建立有效的内部审计、稽核系统。通过内部的审计、稽核来及时地了解机构的内部运行情况，看是否有违规、违法的操作。

规范和引导民间借贷，发展多种类型的小型农村金融机构。民间借贷与正规金融形成互补效应，有力地促进了民营经济与中小企业的发展，成为我国金融体系中重要的组成部分。积极发展社区金融机构、小额贷款组织、小型金融担保公司等多种类型的小型金融机构。金融管理部门应尽快制定管理办法，就农村小型金融机构的设立、运作、监管、退出等作出具体和明确的规定，促使其步入正轨。

政府部门要采取有效的措施规范、引导和保护农村民间金融市场的健康发展。民间金融存在的意义，不仅仅在于它能够增加农村金融供给，在一定程度上缓解了农村中小企业、农民贷款难的问题，更为重要的是，它能够打破农村金融市场的垄断格局，通过民间金融与正规金融的竞争来促进农村正规金融组织不断深化改革，改进服务质量，使农村金融市场真正按照市场经济机制运行。民间金融机构的存在和发展，关键还在于政府部门为其提供一种合理的制度安排，确立公正有效的竞争规则和市场约束机制，并给予经济主体充分的选择权利和发展空间，而非亲自去组织或直接干预民间金融机构的组建。

健全完善金融同业公会，加强行业自律。行业自律组织是金融监管的有效补充，在整体金融监管体系中是不可或缺的组成部分。金融同业公会通过自我管理、自我规范、自我约束，可以有效地避免各金融主体之间的不正当竞争，规范自己的行为，促进彼此的协作，与监管机构一道维护金融体系的稳定与安全。当前，同业公会的首要任务是制定同业自律公约，规范和协调同业经营行为，携手共建平等竞争、依法守规经营的良好金融秩序。

加强信息披露，强化社会监督。信息披露制度是监管金融组织的重要手段，也是促进金融组织公平竞争、保护消费者权益的具体体现。信息不对称的现象在中国农村正规金融组织的经营中尤为突出。由于会计信息不完全，而且真实性有待提高，农村正规金融组织信息披露在质量和数量方面远远不能适应监管的客观要求。这也是中国金融监管滞后的一个主要的制度因素。信息披露需要制定出具体的规则，监管对象应该在哪些方面、什么时候披露什么资料等，都应该做到有章可循。这样才能使金融监管机构在对信息有充分了解掌握的基础上，对风险状况作出正确的判断，并以此作出正确的决策，以约束和规范农村金融业的发展。

有效的社会监督能够降低金融监管的成本，促进金融机构内部稽核工作的规范和完善。从西方发达市场经济国家的金融监管中可看出，提升外部审计质量、改进信息披露制度是强化社会监督的有效途径。信息的全面、准确、真实和及时披露，是一切监管行为的基础，也是提升外部监督质量的前提。针对我国金融信息披露不及时、不透明、不真实、不全面等问题，应尽快建立来源真实可靠的金融信息体系。同时，加强对审计事务所、会计师事务所等社会中介机构和新闻媒体的规范化管理，充分发挥社会中介机构和新闻媒体的外部监督作用。

加快修订相关法律法规，健全和完善农村金融监管法律体系。鉴于现行有关监督法律、法规比较陈旧，配套的制度办法比较原则，尤其是对金融机构风险监管内容过粗、过于简单等问题，当前应加快对现有监管法律法规和制度办法的修改和完善，规范监管准则和标准，规范市场准入规则，规范有问题的金融机构的处理和救助，明确停业整顿、关闭金融机构的标准与程序，以及存款人利益保障措施等，建立起全面、科学、操作性强、与国际惯例接轨并且与我国农村金融实际相结合的金融监管法律体系。

6.4 完善农村资金回流机制

为了解决农业、农民和农村融资难题，除了从银行金融体系上着手，也应从财政和信贷、减免农业税费等直接财政支持上着手，从农产品价格的提升或补贴上着手，更重要的是从降低农业和农村投资与贷款风险、提高农业和农村投资与贷款收益率方面着手。只有农业和农村投资与贷款能够至少获得平均收益率，才能解决农业和农村的融资难题。

要让社会资金和银行贷款经由市场自觉地流向农业和农村，除了健全和完善的服务农业和农村的银行金融系统之外，还要有根本性的具体举措，一是降低投资和贷款给农业和农村的风险，二是提高投资和贷款给农业和农村的收益率。一个健全和完善的服务农业和农村的银行金融系统，只是引导储蓄和资金流向农业和农村的必要条件，并非充分条件。引导储蓄和资金流向农业和农村的充分条件，是贷款和投资的利益动机，即低风险和高回报率。也就是说，如果与城市项目投资相比，投资给农业和农村的风险高、回报率低，则无论服务农业和农村的银行金融系统怎么健全和完善，储蓄和资金也不会自觉流向农业和农村。反过来，如果与城市项目投资相比，投资给农业和农村的风险低、回报率高，则无论服务农业和农村的银行金融系统怎么不健全和不完善，储蓄和资金也会流向农业和农村。

农业和农村发展需要大量的资金和贷款，要使资金和贷款自觉地通过市场流向农业和农村，农业和农村投资的利率至少不得低于城市各类项目的平均资本收益率。但是，农业和农村项目，尤其是农业企业项目，不仅单位占用资本的收益率低，而且农业和农村企业负担不起较高的贷款利息。这就形成了一个两难矛盾。一方面，投给农业和农村的资金和贷款至少需要获得市场平均收益率；另一方面，农业和农村企业既无较高收益率，又负担不起较高的贷款利率。要解决这个两难矛盾，需要政府财政的帮助。

在这个方面，政府可以做两件事。其一是减税，即减少或免除农业和农村企业的各类与收入相关的税费，减少或免除农业和农村投资收益的税收。在这样的情况下，其他条件不变，与城市企业相比，农业和农村企业的税后净收入会有所增加。其二是贴息，即政府为农业和农村企业支付部分贷款利息。这样，即使农业和农村贷款利率保持较高水平，但有了政府的贴息，农业和农村所实际支付的利率就要来得低一些。这样，既让农业和农村获得低息贷款，又使农业和农村投资获得平均收益。

另外，我国邮政储蓄的特点是点多面广，与农村汇兑之间存在着不可分割的内在联系。邮政储蓄机构“只收存款，不放贷款”，吸收的存款多为城市使用，形成农村资金向城市流动的局面，减少了支持农业和农村的资金来源。从健全农村金融组织体系角度分析，应考虑改革或撤并邮政储蓄机构。对邮政储蓄进行改革的措施是将邮政储蓄变成储蓄银行，成为名副其实的农村金融机构，使其不但吸收存款，也在吸收存款的地域发放贷款，使其成为农村信用社的竞争对手，为农村的金融竞争创造环境条件。

6.5　建立健全农村保险服务保障体系

农业是一个高风险产业，由于其生产时间长，农产品在生长发育过程中经常处于自然、社会和经济风险之中。从我国农业生产所遭受的自然灾害来看，加强农业保险体系的建设已是刻不容缓的事。中国农业正处于从数量增长为主向质量改善为主的时期，自主经营的农户增加农业投资，需要构筑一个“安全网”；通过农业保险可以维持农民收入的稳定增长，保障投资者的利益。

农产品的生产风险和市场实现风险太高，农民有三种风险难以回避：一是自然风险；二是市场（信息）风险，即农户很难掌握农产品的市场供求信息，因而生产带有很大的盲目性；三是政策风险，即当政府的宏观政策发生调整时，往往是由农户来承担变革的成本。这些风险在借贷关系中必然转化为金融机构的系统性风险。为了降低系统性风险，风险的转移和分摊则是最好的解决方式。防范市场风险（包括信息风险和政策风险）的机制是发展农产品的期货交易，而化解自然灾害风险的机制就是开展农业保险。

（1）以立法形式明确农业保险的准公共产品性质及政府在其中应担负的责任。

因为农业保险的高赔付率使得开展这项业务的机构处于保本经营或是亏损的状态；对农业生产者来说，当所有生产同一产品的农户都参加保险后，产量增加，价格下跌，比较利益将降低。所以说它的最终受益人是农产品的消费者，农业保险具有准公共产品的性质。这种准公共产品因为无法按市场经济规则由私人部门生产，所以它的提供应该得到政府的扶持和帮助。虽然我国《保险法》已于1995年10月1日执行，其第一百四十九条阐明：“国家支持发展为农业生产服务的保险事业，农业保险由法律、行政法规另行规定。”但农业保险如何开展，由谁来承办，财政如何补贴，政策如何配套等问题至今仍未得到具体落实。为完善农业保险体制，应尽早制定和颁布《农业保险法》，对农业保险的目的、性质、经营原则、组织形式、承保范围、保险费率、保险责任及国家对农险的监督管理等重要环节作出规定。这样有利于规范保险市场，区别不同性质的保险活动并加以分业管理。根据农业保险非商业性、政策性的特征，逐步建立对农业保险的补偿机制，以加强对农业的支持。

(2) 我国还需要建立农业保险的再保险机制，特别是特大自然灾害给保险公司造成的超额损失风险更需要通过再保险业务予以分散。

另外，通过保险精算将高风险和一般风险区别开来，设立一个特别基金，把高风险的农业生产者集中起来，由政府提供保障。政府在农业保险中所发挥的作用就是在财政、税收、金融等各方面予以补贴和资助，同时承担起农业保险的推广、宣传和教育费用支出，培养、增强农民的风险意识、保险意识。

(3) 扩大政策性涉农保险覆盖面。

在提高农房、水稻、渔业、森林等政策性保险覆盖面的基础上，逐步开展蔬菜、奶牛等补充保险项目，探索荔枝、椰子、香蕉等具有地方特色的涉农保险项目。结合现代农业产业配套项目资金、优惠政策和金融服务项目共同推进涉农保险，健全基层涉农保险协保体系建设，提高保险覆盖面和保障水平。

(4) 建立健全农村保险机构体系。

鼓励民间资本进入农村保险领域，研究由大型保险机构与农业龙头企业、市属国有企业合作设立专业性农业保险公司的可行性。积极研究由农民、农民专业合作组织、农业龙头企业建立互助农业保险组织。

6.6 全面改善宏观政策环境

农村金融体系不能有效运转的原因在于存在着宏观经济环境不稳定、部门性政策有倾斜、行政干预过多，以及法律和规章性障碍等。就我国目前农村金融体系建设来看，要考虑从以下宏观经济政策方面进行改革和调整：

（1）彻底改变向城市和工业倾斜的发展战略。

我国的经济发展已经进入了以工促农、以城带乡的发展阶段。当然，以工促农、以城带乡强调政策上工业和城市支持农业和农村，但并不意味着不重视工业和城市的发展。实际上，改变城乡二元经济结构、实现现代化的根本途径在于工业化和城市化。工业和城市的快速发展能更好地支持农业和农村的发展。

（2）改革户籍制度。

中国的农业问题从根本上讲还是农民的问题，只有改革现有的户籍制度，将农民转移到其他产业，减少农民的数量，才有可能实现农业的适度规模经营，提高农业的效益，提高农业的劳动生产率和农民的收入，改变农业弱质的状况。因此，必须进行户籍制度改革，让农民能够自由流动，改变把农民捆在小块土地上的做法，为农业和农村经济的发展腾出更大的发展空间。而要真正减少农民的数量，关键在于实行土地使用权的法定化和土地流转的市场化。

(3) 加快推进农村利率市场化进程，促进农村经济资源优化配置。

在农村金融市场中，市场机制体现为供求机制、竞争机制、利率机制、风险机制等，但利率机制是最基本的市场机制，其他几种机制都要通过利率机制来实现。要根据我国农村市场经济发展的客观需要放松利率管制，进一步扩大存贷款利率浮动范围，实现农村利率在宏观调控下的市场化，促进整个农村金融市场上的资金实现最优配置。

(4) 建立健全农村市场制度。

中央政府应肩负起农村制度变革的重任，减少农民进入市场的制度壁垒，推进农村金融市场的发展和深化。首先，要进一步改革粮食流通体制，逐步放开粮食市场，打破国有粮食企业对粮食市场的垄断，以调动农民和各方面的积极性，发展农村市场经济，以支持农村金融业的发展。其次，要进行户籍制度的改革，打破城乡分割的格局，转移农村剩余劳动力，使农民人均占有土地资源的数量扩大，增强农民的经济实力。再次，进行农村土地制度改革，使农民拥有完整的土地产权，建立土地所有权流转市场，使土地能方便地作为农民取得银行贷款的抵押品，满足农民的贷款需求。

(5) 优化农村金融生态环境。

加强农村信用体系建设，结合当前广大农村地区创建文明村镇活动，进一步完善农村中小企业、农户信用体系的建设，规范农户信用等级评审和贷款证使用制度。整合有关部门和单位的信用信息，建设农村信用信息数据库，集中处理授权查询，建立农户信用等级评定制度，鼓励和支持涉农金融机构对守信农户、涉农企业实施优惠贷款利率、简化贷款手续等激励措施；开展信用村镇评比工作，营造“守信光荣，失信可耻”的良好信用氛围。同时，完善农村金融基础设施建设。支持银行机构和第三方支付机构加快农村支付体系建设，通过安装电话 POS 机、设立助农取款点等方式，实现每一个行政村金融服务全覆盖，解决农村金融服务空白问题；大力推广银行卡支付、手机支付、网络支付等现代支付工具。增加投放各类资助金融服务终端设备，将存取款一体机等设备布设到镇和行政村。

（6）建立完善的法律体系。

市场经济是法制经济，法制建设滞后，经济发展受人为因素干扰很大。制度创新需要政府提供适宜的法律规则，在法律上具有明确的主体地位是构建农村金融体系的基础。建议有关部门尽快制定《农村合作金融法》、《农村政策金融法》、《农业信贷法》、《农业保险法》、《中小金融机构破产法》等专门法律，为农村金融体系的运行创造一个良好的制度环境。

（7）确立城乡统筹的观念，把农村发展放到整个国民经济乃至世界经济的大格局中，把农村进步放到构建社会主义和谐社会的进程中，把农民增收放到国民收入分配和再分配中，统筹政策设计和制度安排。

坚持“多予、少取、放活”的方针，在制定国民经济和社会发展规划、确定国民收入分配格局、制定重大经济政策时，把解决农业、农村、农民问题放在优先位置，统筹城乡经济社会发展、统筹城乡资源配置、统筹城乡基础设施及产业布局、统筹城乡就业和社会保障、统筹城乡投入。通过努力，逐步形成有利于城乡要素合理流动的运行机制，创造有利于城乡发展的平等机会和公平环境，形成有利于城乡统筹发展的推进机制。实现城乡要素优化配置、资源共享、优势互补，从根本上赋予农业与工业平等的发展条件，赋予农村与城市平等的发展机会，赋予农民与市民平等的国民待遇。

总之，国家应采取一系列配套政策和措施，支持农业和农村的发展。加强法规制度建设，保证各种金融创新的合法性。建立存款保险制度，确保农村金融机构特别是地方性金融组织有安全保障。建立起保护债权人的破产制度和农村金融机构的市场退出机制，保证金融机构的良好运行。此外，扩大农村金融机构的业务种类和服务范围，以满足农村金融的多样化要求。加大农村金融干部职工培训力度，提高其业务素质和管理水平等。

结束语

农村金融制度的改革与完善，对于加快农村金融的发展具有十分重要的意义。在现代市场金融体制中，金融制度处于最基本和最核心的层次。中国的金融体制改革是一场深刻的金融制度变革的过程，并且与建立现代市场经济体制的改革目标相配套。中国农村金融制度变革的根本目标，是在中国建立现代农村金融制度。相对于金融制度已基本稳定和相对均衡的西方市场经济国家，中国的金融制度包括农村金融制度仍处在变迁过程之中，这一过程随着中国从计划经济体制向中国特色社会主义市场经济体制转换而进行着，而且将不断继续。

我国农村经济受农业生产的特殊性和地源经济的影响，各地发展很不平衡，这决定了我国农村金融不能仅有一种组织模式，而应该是多元化的，为不同层次的经济组织服务的多种组织形式，以适应不同经济层次对金融服务的需求。要建立运行高效、多元化的金融经营组织制度，有效配置金融资源的金融市场制度，监督有效的银行监管制度。

改革和完善农村金融组织体系，让农村信用社真正成为“农村金融主力军”。但是各地具体情况不同，经济发展水平各异，信用社改革不能“一刀切”，应从实际出发区别对待。农业银行应发挥国有商业银行的优势，在农村金融市场上发挥领导作用，通过资金优势、网点优势、队伍优势和技术优势，发挥国有银行对农村金融市场的控制力、影响力和牵引力。将邮政储蓄变成储蓄银行，成为名副其实的农村金融机构，使其不但吸收存款，也在吸收存款的地域发放贷款，成为农村信用社的竞争对手，为农村的金融竞争创造环境条件。农业发展银行作为政策性金融机构，健全农业政策性金融分支机构是建立和完善中国农业政策性金融组织机构体系的中心和重点，完善其组织机构体系和功能，深化粮棉企业改革，促进企业转换经营机制。

同时，规范和引导民间借贷，发展多种类型的小型农村金融机构。民间借贷与正规金融形成互补效应，有力地促进了民营经济与中小企业的发展，成为我国金融体系中重要的组成部分。积极发展社区金融机构、小额贷款组织、小型金融担保公司等多种类型的小型金融机构。金融管理部门应尽快制定管理办法，就农村小型金融机构的设立、运作、监管、退出等作出具体和明确的规定，促使其走上正轨。

完善农村金融监管的组织制度，提高农村金融监管效率。健全农村正规金融组织的监管制度，应根据农村金融组织运营的环境和特点，建立一套适合于对农村金融组织进行有效监管的指标体系。规范和引导民间借贷，发展多种类型的小型农村金融机构。加强法规制度建设，保证各种金融创新的合法性。总之，国家应采取一系列配套政策和措施，支持农业和农村经济的长期健康发展。

参考文献

1. Goldsmith, R. W. *Financial Structure and Development*. New Haven: Yale University Press, 1969.

2. Gurley, G. J. and S. E. Shaw. *Money in A Theory of Finance*. Washington: The Brookings Institution, 1960.

3. Levine, R. Financial Development and Economic Growth: Views and Agenda. *Journal of Economic Literature*, 1997 (35).

4. Mckinnon, R. L. *Money and Capital in Economic Development*. Washington: Economic Development and Culture Change Press, 1973.

5. Patrick, H. Financial Development and Economic Growth in Underdeveloped Countries. *Economic Development and Cultural Change*, 1966 (14).

6. Pischke, Adams, Donald. *Rural Financial Markets in Developing Countries*. Baltimore: The Johns Hopkins University Press, 1987.

7. Shaw, S. E. *Financial Deepening in Economic Development*. New York: Oxford University Press, 1973.

8. United States Department of Agriculture. "Can Federal Action Improve Efficiency in the Market for Farm Loans?". Agricultural

Information Bulletin, 1996.

9. Wurgler, J. Financial Markets and the Allocation of Capital. *Journal of Financial Economics*, 2000(58).

10. ［美］T. W. 舒尔茨．制度与人的经济价值的不断提高．见：［美］科斯，诺斯，阿尔钦．财产权利与制度变迁．刘守英等译．上海：上海三联书店，上海人民出版社，1994.

11. ［美］阿夫纳·格雷夫．大裂变：中世纪贸易制度比较与西方的兴起．郑江淮等译．北京：中信出版社，2008.

12. 白晓燕，李锋．我国农业政策性金融对农业经济增长贡献的实证研究．农业经济问题，2005（7）．

13. 贝多广．中国资金流动分析．上海：上海三联书店，1989.

14. 曹晨光．农村金融供给：一个基于制度经济学的分析视角．金融理论与实践，2007（8）．

15. 曾康霖．我国农村金融模式的选择．金融研究，2001（10）．

16. 成思危．改革与发展：推进中国的农村金融．北京：经济科学出版社，2005.

17. ［美］戴维斯，诺斯．制度变迁的理论：概念与原因．见：［美］科斯，诺斯，阿尔钦．财产权利与制度变迁．刘守英等译．上海：上海三联书店，上海人民出版社，1994.

18. ［美］道格拉斯·C. 诺思．制度、制度变迁与经济绩效．杭行译．上海：格致出版社，上海人民出版社，2008.

19. 董应良．从农村金融体系变迁看农村金融制度创新．经济管理问题探索，2005（9）．

20. 杜晓山．农村金融体系框架、农村信用社改革和小额信贷．中国农村经济，2002（8）．

21. 段银弟．中国金融制度变迁的效用函数．金融研究，2003（11）．

22. 丰生．日本农业的发展和农业协同组合制度．农业发展论丛，1995（2）．

23. 盖丽丽．我国农村金融监管制度实施效果的实证研究．金融纵横，2013（11）．

24. 葛兆强．发展中国家的农村金融制度及启示．农金纵横，1997（2）．

25. 官兵．中国农村金融改革的制度解释．农业经济问题，2005（10）．

26. 郭晓鸣，雷晓明．中国农村金融体制改革与评价．经济学家，1998（5）．

27. 韩俊．推进农村金融体制的整体改革．中国金融，2003（17）．

28. 韩廷春．金融发展与经济增长——理论、实证与政策．北京：清华大学出版社，2002.

29. 何广文．中国农村金融供求特征及均衡供求的路径选择．中国农村经济，2001（10）．

30. 贺学会，王一鸣．发展仓单系统：农村金融制度创新的新思路．财经理论与实践（双月刊），2007（2）．

31. 黄成莲，温智良．从农户融资看农村金融制度安排的取向．武汉金融，2006（12）．

32. 黄季焜，马恒运．从资金流动看改革20年农业的基础作用．改革，1998（5）．

33. 黄建新．反贫困与农村金融制度安排．北京：中国财政经济出版社，2008.

34. 黄晓龙．发展合作金融面临的问题及对策．中国农村信用合作，1999（3）．

35. 黄燕君．农村金融制度变迁与创新研究．浙江社会科学，2000（6）．

36. 蒋震峰．试论我国政策性银行的发展道路．金融研究，1997（3）．

37. 雷春柱，陈立财．论农村经济发展与农村金融服务．金融教学与研究，1998（1）．

38. 李彬．农村金融制度创新提上日程．人民政协报，2014－01－28.

39. 李琨．提高农民收入之途径：完善农村金融体制．宏观经济管理，2001（11）．

40. 李明贤．重构我国农村金融体系研究．长沙：湖南科学技术出版社，2003.

41. 李万超，苏彩玲．改革开放以来的农村金融制度改革：历程、成效与反思．武汉金融，2014（1）．

42. 李亚青．从新制度经济学视角看我国农村信用社的制度困境．新疆财经，2005（6）．

43. 李勇，孙晓霞，陈景耀等．关于完善农村金融制度加大对三农金融支持若干问题的思考．金融研究，2005（11）．

44. 林毅夫．再论制度、技术与中国农业发展．北京：北京大学出版社，2000.

45. 林毅夫．中国金融体制改革的回顾与展望．经济研究参考，2001（85）．

46. 林毅夫．关于制度变迁的经济学理论：诱致性制度变迁和强制性制度变迁．见：［美］科斯，诺斯，阿尔钦．财产权利与制度变迁．刘守英等译．上海：上海三联书店，上海人民出版社，1994.

47. ［法］马居歇等．法国农业信贷银行．端木华译．北京：农业出版社，1988.

48. 马忠富．中国农村合作金融发展研究．北京：中国金融出版社，2001.

49. 毛小威，巴曙松．论国有银行有效治理结构的构建．国际经济评论，2001（3～4）．

50. 乔桂明．农村经济发展与农村金融变革问题研究．农业经济问题，2002（4）．

51. 卿淑群．政策性银行学．成都：西南财经大学出版社，1999.

52. 人民银行巴中地区分行课题组．农村合作金融体制改革的模式选择与制度创新．四川金融，1998（2）．

53. 胡睿．国外农村金融体系对我国农村金融改革的启示．改革与开放，2008（3）．

54. 史林东．中国农村金融制度变迁的路径突破——基于机制设计理论的比较分析．财会研究，2010（24）．

55. 史清华．农户经济活动及行为研究．北京：中国农业出版社，2001.

56. 宋超英，张翰赟，丁瑞．基于制度视角下的中国农村金融供给抑制研究．价格月刊，2009（1）．

57. 涂杰平．发挥政策性金融对农业产业化的促进作用．金融与经济，2005（12）．

58. 王芳．我国农村金融需求与农村金融制度：一个理论框架．金融研究，2005（4）．

59. 王双正．中国农村金融发展研究．北京：中国市场出版社，2008．

60. 王铁民，赵富洲，周建强，胡世才．对美国农村金融的考察与思考．农业发展与金融，2009（5）．

61. 卫功琦．关于农村金融体制改革效应问题的若干思考．中央财经大学学报，1997（8）．

62. 温铁军．农户信用与民间借贷研究——农户信用与民间借贷课题主报告．中评网，http：//www. china－review. com.

63. 吴少新，王国红．中国农村信用社制度的变迁与创新．财贸经济，2006（7）．

64. 向林峰，文春晖．路径依赖还是适应性选择：我国农村金融制度演进．江西社会科学，2013（3）．

65. ［美］肖·E. S. 经济发展中的金融深化．邵伏军等译．上海：上海三联书店，1998．

66. 肖舟．制度变迁模式谈论．求索，2006（6）．

67. 谢家智，冉光和．中国农村金融制度变迁的路径依赖．农业经济问题，2000（5）．

68. 辛树彬，姜振水．农村金融体制改革后农业银行重新进行支农定位的思考．农村金融研究，1996（11）．

69. 徐少林，王卫东，刘明．进一步深化农村金融体制问题研究．金融研究，1998（6）．

70. 徐一丁，李振仲，杜彦坤．WTO 框架下农业政策性金融支农研究．金融研究，2002（4）．

71. 许燕，葛兆强．从计划制度走向市场制度——中国农村金融制度变迁动态分析．福建金融管理干部学院学报，1996（4）．

72. 杨育民，罗拥华，梁阿莉．农村金融制度缺失及其补偿．中国农村观察，2006（2）．

73. 佚名．国外农村合作金融的主要模式与发展变化．中国财经报，2008－09－18．

74. 尹锦霞，江瀚．中国民间金融制度变迁研究的文献综述．特区经济，2013（4）．

75. 于海．中外农业金融制度比较研究．北京：中国金融出版社，2003．

76. 袁洪斌，熊德平，冉光和，谢丹．农村经济与农村金融制度变迁比较及关系．农业经济问题，2006（2）．

77. 袁洪斌，谢丹，熊德平．对中国农村金融制度变迁的制约因素与基本特征的思考．生产力研究，2007（2）．

78. 臧凯波．“四化”同步背景下我国农村金融制度创新研究．广西财经学院学报，2013，26（6）．

79. 张兵，朱建华，贾红刚．我国农村金融深化的实证检验与比较研究．南京农业大学学报，2002（2）．

80. 张贵乐．合作金融论．大连：东北财经大学出版社，2001．

81. 张杰．中国农村金融制度：结构、变迁与政策．北京：中国人民大学出版社，2003.

82. 张扬. 美国农村金融体系构建的经验及启示. 世界农业，2008（3）.

83. 张元红等．当代农村金融发展的理论与实践．南昌：江西人民出版社，2002.

84. 中国人民银行成都分行课题组．贫弱地区农村金融制度绩效研究．金融研究，2006（9）．

85. 中国人民银行代表团．论合作金融的混合治理结构——从法国农业信贷银行的制度变迁看中国农村信用社体制改革．金融研究，2002（7）．

86. 中国人民银行湖南省分行课题组．对农村金融体制改革的评价与深化构想．金融研究，1996（3）．

87. 邹新阳，王贵彬．农村民间金融规范化发展的制度供给研究．安徽农业科学，2008，36（6）．